基金投资好简单

威尼斯摆渡人　著

海天出版社

·深圳·

图书在版编目（CIP）数据

基金投资好简单 / 威尼斯摆渡人著. –– 深圳：海
天出版社, 2022.12
ISBN 978-7-5507-3609-2

Ⅰ.①基… Ⅱ.①威… Ⅲ.①基金—投资—基本知识
Ⅳ.①F830.59

中国版本图书馆CIP数据核字(2022)第170768号

基金投资好简单

JIJIN TOUZI HAO JIANDAN

出 品 人　聂雄前
责任编辑　简　洁
责任校对　万妮霞
责任技编　郑　欢
封面设计　见　白

出版发行　海天出版社
地　　址　深圳市彩田南路海天综合大厦（518033）
网　　址　www.htph.com.cn
订购电话　0755-83460239（邮购、团购）
设计制作　深圳市龙瀚文化传播有限公司 0755-33133493
印　　刷　中华商务联合印刷（广东）有限公司
开　　本　787mm×1092mm　1/16
印　　张　16
字　　数　230千字
版　　次　2022年12月第1版
印　　次　2022年12月第1次
定　　价　78.00元

序　言

我为什么不做跟投

自我在喜马拉雅开讲"每天五分钟"系列的基金投资课程以来，已经有了 54 万粉丝，累计播放量达 9000 万次。在这个过程中，一直有朋友不断在问我：老师，你有没有实盘的定投，可以让我们进行跟投的？

跟投模式应该说是在过去几年网络上面特别盛行的一种跟随自己心中信任的大 V 进行 copy 投资的模式。

由于互联网自媒体的发达，因此有很多的大 V 在过去的这些年，通过展示自己的投资业绩以及自己在投资方面的各种独到的理念，慢慢吸引了大批的粉丝。而这些粉丝绝大多数又都是对投资市场并不那么熟悉的"小白"投资者。

当"小白"投资者常年受到大 V 观点的影响 —— 尤其是优秀的投资赚钱能力的展示，那么往往到后面就会形成一种理所当然的想法：如果我能够把钱给这个大 V 来进行操作，是不是我也能够赚到很多的钱？如果我跟随这个大 V，直接投资他所投资的这些产品，同买同卖，是不是我也能够获得一样良好的收益？

所以跟投模式应运而生。

很多互联网平台网站过去几年开始涉足理财业务，它们跟传统的金融机构相比，在人才储备方面是存在着天然的劣势的。

因为理财网站不可能再去培养一批属于自己的非常专业的投资顾问，于是通过集聚各种大V，让大V成为自己平台上面的专业形象代表。这些大V就成了理财网站用来带动流量的重要手段。

而慢慢地，通过不同的大V在网站上面展示自己的投资组合，网站通过技术手段开发出粉丝们可以进行一键跟投的投资模式。在这个过程中，大V和网站可以分享投资者购买产品的佣金——于是在过去的这几年，跟投模式在市场与网络上开始变得越来越火爆。

跟投本质上就是一种投资顾问服务，也就是我们平时所说的投顾服务。

投资顾问是凭借自己的专业能力，通过提供专业方面的建议而获取佣金回报的专业人士。

在我国，投顾牌照其实是一个比较难拿的牌照。如今在全国范围内，总共有八十四家机构拿到了投顾牌照。

只有拥有投顾资质的这些机构，才可以在金融市场从事投顾服务。所以大家如果在网络上面想要进行相关的跟投，那么第一点就要看看你所在的做跟投的这个网站或者机构是否拥有正规的投顾牌照，这一点非常关键。

而在网站上面让大家做跟投的大V，绝大多数都是没有拿到投顾资格的素人而已，他们从事这种实质上的投顾服务，严格来说，都是违规的，监管机构是可以处罚的。所以，我们看到过去这段时间，有不少大V开始接受拥有投顾牌照的机构"收编"，以应对监管的要求。

对于跟投这种模式，我个人不是很认同。

原因在于，每个不同的投资者的具体情况都是不一样的。每个人的财富状况不一样，每个人的心理承受能力也不一样，因此每个人对于风险的感知同样是有差别的。更重要的是，每个人对于市场波动逻辑的认识水平也是大相径庭的——这些都决定了无法用统一的投资方式来解决个性化的问题。

就好像我们平时买衣服，只有找好裁缝定制的衣服，才是真正符合自己实际身材尺寸的"合适"的衣服，而且随着我们身形的变化，我们还需要找裁缝按照需求重新进行量体裁衣。那些模特或明星穿得特别漂亮的衣服，并不一定适合穿在我们自己的身上。

我身边经常有朋友会问我，如何来进行投资品种的搭配？如何来进行整体的理财？

一般情况下，我都不会给他们推荐任何产品，而会建议他们直接在身边找一个值得信赖的银行，找一个有非常好的职业操守和专业能力的理财经理来让他们面对面地交流之后，再确定相关的投资理财组合。

所以我一直都非常抗拒给大家进行产品的推荐，而仅仅是在定投方面跟大家介绍相关的指数基金，来适应长期进行定投的需要。

我一直强调的是投资方面的逻辑——定投操作方面的逻辑以及市场上各种消息、信息流之间的逻辑联系到底是什么。

因为我一直希望大家可以掌握更多的市场内在逻辑，真正让自己具备初步的市场分析和判断能力，面对波动心中有数，并且能够掌握一些在市场中提高自己胜率的方法。

我希望真正能帮大家提高的是整体的投资思维能力，而不仅仅是带着大家一起买这个、买那个。

我更希望能够帮大家提高的是"为什么"和"怎么做"这两方面的能力，也就是"why"和"how"的能力，而不仅仅是学会"copy"。

市场是千变万化的，行情也是不断在上蹿下跳的。

同样的跟投模式，在不同的市场环境中表现出来的业绩会千差万别。

而针对不同的投资者，面对同一个组合、同样的业绩，他们心里的感受也许是天差地别的。

适合自己的才是最好的，钱是自己的，只有自己才能对自己的钱负责。

所以不妨跟我一样来尝试着提高自己的投资能力，提高自己对市场的认知能力。

这些能力一旦具备，终生都忘不了。而且只要具备了这些能力，我们才真正拥有了可以通过投资来为自己创造财富的能力。

正是本着这样的初心，才有了我这么多年在网络上一直坚持下来的各种投教课程和参考资料，也才有了今天你手中的这本书。

让我们一起加油吧。

威尼斯摆渡人

2022 年 8 月

三、手把手教你如何买基金 Chapter 3

一、为什么基金投资是
普通人最好的选择

　　不知道大家有没有发现，我们的父母，最习惯的投资方式就是把钱放进银行：要么选择储蓄存款，要么选择银行理财产品，还有些会买些国债。

　　相信大家小时候都特别期待"过年"，因为过年意味着有很多好吃的，还有新衣服、压岁钱。

　　但是大家有没有感觉，似乎现在的"年味"已经不如以前了。

　　这一方面是因为家庭的规模在变小，所以一起过年的人数没有以前那么多了，但更重要的是：大家慢慢变得"有钱"了，以前只有在过年时才能够享受的美食和其他的各种待遇，已经成了日常。所以过年的享受也就慢慢开始变得稀松平常了。

　　在过去的这些年，中国人开始"有钱了"。从"没钱"到"有钱"，余钱放到哪里就成了大家慢慢开始考虑的问题。

　　钱放在家里总是觉得不安全，所以找个合适的"保险柜"把这些钱放进去，在需要的时候随时可以拿出来用就好了。

　　保证自己的钱不会"缩水"、不会"丢失"，如果还能有点"利息"就已经是人们对于"保险柜"的基本预期了。

　　而我国大部分银行的国有背景，已经让民众对于银行的信用背书有了充分的信任，所以银行储蓄和银行理财就成了我们父母这一辈人最安心的投资选择。

　　但是我们都知道，在过去的这些年，全球货币都在超发，身边可见的各种商品都在涨价，货币的贬值成为大家的共识。钱放在银行储蓄中获得的利息已经不足以抵消同时期货币的购买力下降幅度了。因此，要想我们的钱不缩水，我们必须要考虑其他的投资方式了。

银行理财产品在过去的十年里一度是除了储蓄存款之外规模最大的个人金融投资产品，"保本保收益"似乎成了大家投资银行理财产品时的基本心理预期。

然而，随着《关于规范金融机构资产管理业务的指导意见》（简称《资管新规》）的落地，大家发现银行理财产品出现了几个明显的变化：

1. 收益率在稳步地下降；

2. 越来越多的理财产品开始变为"净值型"的浮动收益产品。

确实，刚性兑付的打破是《资管新规》中和个人投资者直接相关的规定。随着银行理财产品"资金池"运作模式的取消，以前"大锅饭"可以实现的"保本保收益"都将不复存在。单一产品对应单一投资组合将成为未来理财产品的底层运作模式，这对于理财产品的管理机构本身的运作投资能力都提出了更高的要求。而净值的波动也意味着所有国民都要开始正视自身的风险承受能力——因为以后"没有风险"的投资品种或许真的不存在了——银行储蓄和国债也存在着利率风险，当然作为"保险柜"它们或许还是合适的，但是你需要去接受它们有跑不赢通胀的可能性。

在这样的背景之下，公募基金以其门槛低、种类多、风险级别多样、信息透明公开等各种优势，成为适合大部分普通老百姓进行选择的投资品种。

相信在过去的这三年中，大家身边一定有朋友买过基金，有通过基金赚到了钱的，当然亏损的也应该不少。其实对于绝大多数人来说，对资本市场是不了解的，对基金也是不了解的。当我们看到身边的朋友通过基金投资赚取收益的时候，相信大家都充满着羡慕之情，都在想着是否自己也可以开始进行基金投资——这种时候大家往往会忽视投资的风险。

投资是一件严肃的事情，不能作为一场游戏，不能以"玩"的心态来进行尝试。所以，我们需要花点时间，来了解一下，到底基金投资该怎么开始，我们应该要做哪些方面的知识准备。

让我们开始吧。

Chapter 1

投资首先要问自己的
四个灵魂问题

每个人在考虑进行投资的时候，总是会有一些诱因的：比如想要实现一个生活中的愿望——也许是一部新款的手机，也许是一台车，也许是一套房；或者是因为看到身边的人投资获得了非常好的收益——比如2020年7月初的股票市场。

而在我们开始想要做投资的时候，其实很多人是不清楚自己该怎么做的，但是大家都会有一个想法：我投资就是要赚钱，越多越好。

的确，没有人在投资一开始就是打算亏钱的，所有想要投资的人，都是为了赚钱而来的。但是为什么真正能够在投资中赚到钱的人总是只占很小的比例呢？为什么大部分人最后不但赚不到钱，连保住自己的本金都是一件不太容易的事情呢？

因为我自己在基金行业已经工作了12年，所以每次行情来临的时候，总是会有很多的朋友发消息或者打电话给我，问我是否有好的基金产品可以推荐，而我在接到这样的咨询时，总是会提出四个灵魂问题。

只有对这四个问题有了非常明确清楚的答案，我们未来的投资才能有的放矢，才有可能获得理想的结果。

这四个灵魂问题是什么呢？

● **第一个问题：你有多少钱可以用来投资？**

有多少钱可以用来投资，在很多时候决定了我们对投资方式和投资产品的选择。因为很多的投资品种，是有资金门槛限制的，并不是想投就能投的。

比如很多人在各种媒体报道中，经常听到某个明星投资经理管理的私募投资产品收益非常好，于是想去追个星，结果发现自己不符合"合格投资者"的最低要求。

根据中国基金业协会《私募投资基金募集行为管理办法》的规定：

合格投资者是指具备相应风险识别能力和风险承担能力，投资于单只私募基金的金额不低于100万元且符合下列相关标准的机构和个人：

（一）净资产不低于1000万元的机构；

（二）金融资产不低于300万元或者最近三年个人年均收入不低于50万元的个人。

前款所称金融资产包括银行存款、股票、债券、基金份额、资产管理计划、银行理财产品、信托计划、保险产品、期货权益等。

所以，如果我们的资金量不足以够到合格投资者的门槛，这些产品就根本不在我们的考虑范围之内。

另外，很多银行的理财产品和信托公司的产品，也都有着几万元到几十万元、上百万元不等的门槛。因此，先理清楚自己有多少资金可以用于投资，是挑选投资方向的一个前置条件。

另外，我们也不能把自己银行账户上的资金全部当成可以进行投资的钱，因为不同的资金在我们的生活中发挥着不同的作用。所以，我们就要问第二个灵魂问题了。

● **第二个问题：你的钱可以投资多长时间？**

在投资中，风险和收益永远是成正比的。想要高收益，必然就要承担高风险。而要追求安全性，就要忍受预期收益的下降或者放弃资金的流动性。

在2021年的7月份，有一个朋友发消息问我说："老师，我2021年四季度结婚，计划在三季度末买房交首付，现在首付款一次性买哪个股票型基金比较合适？"

当时的市场确实是不错的，连续在上涨，所以这个朋友觉得用首付款在三个月内赚一笔，应该是非常理想的事情。（**Tips：你是不是因为看到身边的朋友投资赚钱了，所以才有想要投资的冲动呢？这种冲动出现的时候，建议你还是要冷静一点，想清楚这里的四个问题再开始动手。**）

但是我给他的答复是："不要有这种想法，从你的资金使用时间来看，现在最适合你这笔钱的投资品种是货币基金，再多承担点风险的选择是短债基金，银行的短期理财产品也可以考虑。其他的品种都不适合，因为时间太短了。如果这三个多月的市场是下跌的，届时你的账户是浮亏的，那么是赎回还是不赎回呢？如果不赎回，你的房子还买吗？婚还结吗？"

投资有风险，但投资的时间越长，理论上是可以降低投资风险的。如果资金能够用来参与投资的时间越短，那么能够承受的风险也就越小，否则很有可能在需要使用这笔资金的时候，短期的市场波动会让账面出现浮亏，哪怕我们看好投资标的的长期走势，也不得不割肉离场，让浮亏变成了实际上的真实亏损。

所以，在投资之前，我们先要把自己手中的资金按照未来的用途做一个分类，越是长期的资金，可以选择参与的投资品种的风险等级也就越高；而越是短期的资金，选择投资品种的风险等级就越低。

而且，长期资金如果可以不考虑中途遇到突发事件而导致需要提前支出的可能性（突发的需求其实是可以通过流动性管理和保险配置来提前进行安排的），就可以把带有封闭期的高风险基金作为长期配置的投资标的了。毕竟，放弃掉更多的流动性，理论上获得更高收益的可能性是会变得更大的。（Tips：关于带有封闭期的基金为什么相比开放式的基金获取更高收益的可能性更大，我们会在本书后面的章节给大家进行介绍。）

● **第三个问题：你能够承受多大的亏损？**

在上一个问题中，我就已经反复强调投资是有风险的。虽然每个人进行投资都是为了赚钱，但是并不能因此忽视自己的风险承受能力，而盲目地去选择有更高收益预期的产品进行投资。

我们必须牢牢记住：风险和收益成正比！收益预期越高，风险也就越大！

现实中，高收益预期的产品，在长期的投资周期内，确实可以给我们带来更多的收益。但是这些产品，在市场变化的过程中，波动的风险会更大。

图 1-1 是 2004 年到 2020 年 9 月底，股票型基金指数（885000）和债券型基金指数（885005）的价格走势曲线对比图。

很明显，作为低风险投资品种的债券型产品，走势曲线相比高风险的股票型产品，是平滑向上的。而高风险的股票型基金这 17 年的总收益是明显超过了低风险的债券型基金的，但是股票型基金的收益曲线的波动是远远超过了债券型基金的。

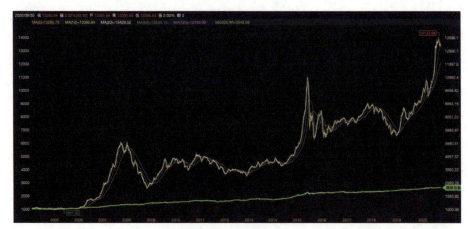

数据来源：Wind（万德数据库）威尼斯摆渡人，截至2020-09-30

图1-1

　　如果能够从2004年开始做投资，并且一直持有股票型基金，那么我们将可以获得1239.58%的收益，而一直持有债券型基金，只能获得164.37%的收益，见图1-2。（**Tips：股票型基金指数和债券型基金指数代表的是市场上所有股票型基金和所有债券型基金的平均收益，具体到特定的基金产品，可能收益会超过或者低于对应的指数收益。**）

指数回报与风险特征　（最新交易日:2020/09/30）								年化　累计
	最新	本周	本月	近一月	近三月	近一年	近三年	基日以来
普通股票型基金指数	0.32%	1.16%	-4.19%	-4.61%	11.40%	52.03%	56.25%	1,239.58%
债券型基金指数	0.04%	0.12%	-0.19%	-0.16%	0.67%	4.37%	13.71%	164.37%

图1-2

　　但是如果风险承受能力不强，也许在A到B或者C到D的过程中（见图1-3），我们就已经受不了市场调整而带来的账面浮亏，直接割肉在地板上了，根本等不到后续市场上涨所带来的超额投资收益。

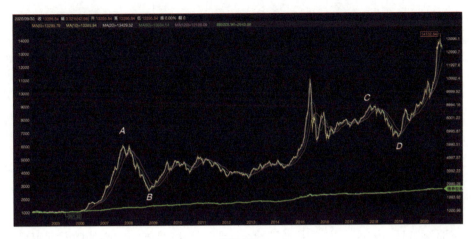

图1-3

所以，自己能够承受的最大亏损是多少？这个问题一定要在投资前先问过自己。如果不能承受大幅度的波动风险，那么我们就应该选择更低波动风险的投资品种。

如果我们错配了超出自己风险承受能力的投资品种，基本上没有办法坚持到最后的收获。要么会在市场下跌的过程中杀跌离场，要么在挺过最难熬的底部之后，账面上稍有浮盈就立马卖出——因为长期的浮亏给心理上带来的负面感受，会让人看到浮盈之后有"劫后余生"的感觉，出于对再次出现浮亏的担心，尽快卖出就成了绝大多数人的选择。

更悲剧的是：可能在市场继续一路上涨到接近高点时，忍受不住周围人赚钱的诱惑，大家又开始进入市场投资，于是成功实现了追涨。

这就是追涨杀跌背后的逻辑——风险错配导致投资心理失衡而最终形成长期投资亏损。

我身边有一个朋友，对于投资基本上是"小白"，2007年的那一波大牛市时开始进入市场投资基金，一次性进行了股票型基金的买入。结果2008年上证指数一路暴跌到1664点，他账面上最大的浮亏接近50%，他当时和身边的每个人都说：基金不是好东西，大家一定不要去碰基金。由于亏得太多，他没有在低位赎回基金，而是扔在一边，不再去搭理了（大家有没有发现很多人买股票也是一样的处理方式），就等着某一天可以回本。

市场确实给了他回本的机会，2015 年的牛市，他手中的基金经过了近 8 年的持有之后，终于在 2015 年的 3 月份回本了。

而回本之后他立马把手中的基金全部进行了赎回，并且说："这辈子我再也不做投资了！"

大家知道，2015 年的那波疯牛，市场在 4、5 月经历了一轮快速拉升，在那两个月，随便在市场上买只什么股票，都能获得非常高的收益，而几乎所有的股票型基金也都在那两个月获得了超过 50% 的收益——也就是说：我的这位朋友持有了 8 年的基金，却错过了最大涨幅的两个月。而这还不是最悲剧的，最悲剧的是他说这辈子再也不做投资之后，忍过了 2015 年的 4 月和 5 月，在看到身边几乎所有参与市场投资的人全部都获得了非常好的收益的情况下，他终于在 2015 年的 6 月初，按捺不住蠢蠢欲动的心，毅然杀入了市场，满仓迎接了股灾的到来……

他后来说得最多的一句话是："我不适合做投资。"

如果我们能够清楚自己的风险承受能力，选择和自己风险承受能力相匹配的投资品种，就能更加安心地面对市场的波动和产品净值的涨跌，才有可能守得云开见月明。

● 第四个问题：你打算赚多少钱就走？

说到这个问题，我相信大家肯定会反问我：投资不应该是赚得越多越好吗？

说实话，还真不是。

投资的时候，如果抱着赚得越多越好的心态开始，那么在获得账面浮盈的时候，我们将会变得越来越贪婪。而市场永远都是有涨有跌的，哪怕长期趋势是上涨，但是在过程中，实际的市场表现一定是上下波动的。我们都希望能够买在市场的最低点，卖在市场的最高点。但是实际上没有任何人能够提前预估到市场的最低点和最高点，这也就意味着我们不要奢望在市场中吃完一整条鱼，从鱼头吃到鱼尾。我们只需要在市场上涨的过程中，拿到属于自己的那一部分收益，吃到属于自己的那一块鱼肉就可以了。

我经常会用一个赌场的例子来和身边的朋友解释这个问题。

现在很多人都会去澳门旅游，而澳门的博彩是特色的旅游项目，基本上所有去澳门旅游的朋友都会去试试手气。而大部分人可能都会在进去之前，给自己设定一个"最大亏损目标"——比如 1000 元。只换 1000 元的筹码，输光了就走人。

如果从一开始就输，其实是没有任何问题的，因为输光手中的筹码，我们肯定就离开了，而且因为损失不大，当成体验乐趣的成本，大家的心情应该都还是比较愉悦的。

但是最让人害怕的，就是我们从一开始就在赢。1000 元的筹码，经过15 分钟，变成了 10000 元，这个时候，你作为当事人的话，会愿意离开吗？肯定不愿意。

再过了半个小时，10000 元筹码变成了 10 万元，走还是不走？我相信绝大多数人都不会走——因为手气太好了，舍不得走啊。而且，赚钱原来如此容易，这赚钱的速度比工作可要快多了。说不定还有人会想：为什么我不早点来，原来我是天生的"赌神"。（Tips：有没有觉得我们买股票的时候也是类似的感受？）

继续下去，终于开始输了。

输到只剩 5 万元，走不走呢？这个时候心情可能更多的是沮丧吧——毕竟刚才还有 10 万元呢，怎么这么快就没了一半呢？在懊恼的情绪中继续下去，结果越输越多。

输到没有筹码了，该走了吧？这个时候的心情估计已经崩掉了——10万元钱财化水，我就不相信下一把手气还这么差，一定会转运的！我要一把定输赢，博回来！

从此万劫不复……

上面的这个故事，换成买卖股票，真的是一模一样。

贪婪是人性的弱点，而投资要获胜，就是要有效地控制住自己的弱点，也就是说，投资要成功其实是要反人性的。

如果我们不给自己的投资设定止盈的目标，做到落袋为安，那么不管前面浮盈了多少，最后都有可能变成浮云。

不断地在市场中积小胜，才能在人生的投资中获得大胜。理性面对市场的涨跌，需要的是我们内心的笃定。

我们总结一下：在投资之前，我们先问清楚自己有多少钱可以用于投资，根据资金量来框定可以选择的标的范围；然后想清楚不同资金可以参与投资的时长，根据自己能够承受的最大风险做好具体投资品种的选择，做好未来波动的心理预期；最后，在投资中获得了自己的预期收益后，果断进行赎回，落袋为安，再根据市场的实际情况，重新确认四个投资灵魂问题的答案，开启下一轮的投资规划。

如果你能做到以上的这些事，你的投资将会变得非常有效，投资的心态会变得更加平稳，而最后投资的结果将会让你更加开心。

Chapter 1

三种不同收益曲线的比较：
高收益就一定赚得多吗

说到投资，相信大家都希望收益能够越高越好 —— 毕竟在大家的观念中，投资就是为了赚钱嘛。

那收益越高越好是不是就已经足够了？

一个可能让人惊讶的事实是：当我们真正去了解投资之后，你会发现短期的高收益，也许还比不上长期稳定的低收益 ——

给大家做一道选择题。

表 1-1 中有三个不同的投资产品，每年的投资收益率是不一样的，看看你会选哪一个。

表1-1

产品	第一年收益率	第二年收益率
A	100%	−50%
B	60%	−30%
C	10%	10%

我相信不少人的第一反应会选择 A 产品，因为第一年能够赚 100%，意味着可以翻一倍，第二年就算跌 50%，应该还是可以赚 50% 的。B 产品两年下来只能赚 30%，而 C 产品最没有意思，就算连着两年涨 10%，也才涨了

20% 而已。

下面的表 1-2 就是大家的第一反应结果（我们以为的投资结果）：

表1-2

产品	第一年	第二年	两年总收益率	算术平均年化收益
A	100%	−50%	100%−50%=50%	25%
B	60%	−30%	60%−30%=30%	15%
C	10%	10%	10%+10%=20%	10%

但事实的真相是这样子的吗？

我们举一个实际的例子来验证一下：如果我们现在有 10000 元的本金，分别在第一年的年头买入 A、B、C 三个产品，持有两年，看看结果，见表 1-3。这个时候计算公式就有一些变化了（实际投资结果）。

表1-3

本金（元）	产品	第一年末的本利和（元）	第二年末的本利和（元）	两年总收益（元）	总收益率
10000	A	10000×（1+100%）=20000	20000×（1−50%）=10000	0	0%
10000	B	10000×（1+60%）=16000	16000×（1−30%）=11200	1200	12%
10000	C	10000×（1+10%）=11000	11000×（1+10%）=12100	2100	21%

大家发现实际的结果和我们一开始的想象是完全不一样的。A 产品经过了两年，10000 元本金最后还是 10000 元，一分钱没有赚；B 产品最后赚了 1200 元，实际收益率 12%；而看上去最无趣的 C 产品，10000 元的本金赚了 2100 元，实际收益率达到了 21%，变成三个产品中最赚钱的一个。

为什么会这样？因为我们的投资是长期持续的，所以到第二年，我们的本金是前一期的本利和，即使后续小的亏损幅度，也会产生更大的实际亏损。这一点也是很多人在投资理财中经常会忽视的一个问题。比如一个产品亏了 50%，如果要等它回本，不是涨 50% 就行了，而是要上涨 100% 才能够达到最开始的本金，这就是同一个道理。

我们再根据 A、B、C 三个产品两年的实际收益，来计算一下它们的年化收益率，见表 1-4。

表1-4

产品	第一年	第二年	实际总收益率	实际年化收益率
A	100%	−50%	0%	0.00%
B	60%	−30%	12%	5.83%
C	10%	10%	21%	10.00%

大家可能不太清楚这个实际年化收益率是怎么来的，其实就是平时我们讲到的"复利"概念，每一期的本金都是上一期的本利和，所以根据总收益率，我们用开方的方法就可以得到实际的年化投资收益率是多少。

通过上面的这个例子，我们会发现，大涨大跌的产品和投资方式，其实并没有实际赚到钱，而持续的正收益反而可以积累出更高的收益来。上面只是两年的数据，可能大家会觉得没有很强的代表性，那么我们接下来把上面的这三个产品投资期限拉到 20 年的周期来测算一下结果，见表 1-5。

表1-5

产品	第一年	第二年	第三年	第四年	……	第二十年
A	100%	−50%	100%	−50%	……	−50%
B	60%	−30%	60%	−30%	……	−30%
C	10%	10%	10%	10%	……	10%

最后的结果如表 1-6。

表1-6

产品	第二十年末总收益率	实际年化收益率
A	0.00%	0.00%
B	210.58%	5.83%
C	572.75%	10.00%

大家会发现，三个产品的实际年化收益率一直都没有变，实际年化收益率最高的 C 产品，经过二十年的长期坚持后，已经获得了极其丰厚的回

报，我们用这三个产品二十年净值增长曲线做一个对比，大家可以看得更加直观，见图1-4。

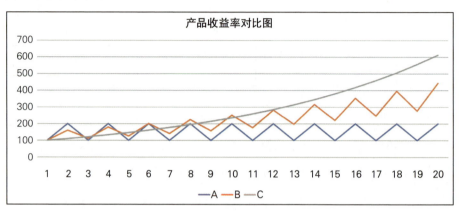

图1-4

讲到这里，大家应该明白了，A、B、C三款产品，从长期理财的角度来看，最应该选择的是C产品。

虽然C产品每年的收益率看上去是最不刺激的，最平淡的，但是因为长期投资中是存在着明显的复利效应的，所以我们不应该只去选择那些波动很大的投资产品或投资方式，而是要尽力在长期的理财中追求稳定的投资收益。只要投资收益率能够稳定获得，时间越长，我们能够获得的总收益就会越高。而且我们从图1-4中的曲线可以明显看到，C产品的收益曲线的斜率随着时间的拉长，会变得越来越陡峭，这就是平时大家经常听到的一句话：复利＋时间的威力等于原子弹。

所以，我们投资理财的目的，不是去追求某一个局部的高收益，因为高收益必然伴随着高风险、高波动，而是应该去追求长期稳定的正收益，这个收益不一定需要很高，但是一定要能够长期稳定地获得，这样才能真正为我们赢得丰厚的回报。

所以，不要被短期的高收益蒙蔽了自己的双眼哦，否则，很有可能结果就是"玩了个心跳"，最后"竹篮打水一场空"。

基金的本质："懒癌"患者和
选择困难症患者的套餐

问大家一个问题，你平时吃饭，一般会有几个菜？

如果是在家里面做饭，出于营养均衡的考虑，大家是不是都会考虑一下荤素搭配？至少有一个荤菜、一个素菜，再加上主食？

做饭难不难？其实一点都不难。难点在哪里？我觉得最难的是决定吃什么，该去菜市场买哪些菜。尤其是当我们来到菜市场，看到琳琅满目的菜品，选择困难症患者是会抓狂的。

所以为了避免这种痛苦，就不在家里自己做饭，去外面吃吧。结果看到菜单的时候，不少人又开始抓狂……

我们自己去搭配组合，是一件很费脑筋的事情，而且要如何搭配才能做到让营养均衡、越吃越健康？

于是我们看到有很多餐厅特别体贴地推出了套餐。

比如 KFC 的全家桶、翅桶、欢乐儿童餐等等，每个套餐里面都有各种食物的搭配，有主食、小食、饮料，甚至还有哄小朋友的玩具，一次配齐，给大家免去一样样挑的困扰。

不只是 KFC，不少商家都开始针对细分市场提供多种套餐，不同的套餐，都有着自己鲜明的特点，针对有不同诉求的消费者。比如想减肥的，就有"低卡套餐"，必需的营养成分一样不少，但是卡路里很低；针对大胃王，就有"大满足套餐"，所有东西都是大份，绝对是吃货的最爱。

所以，套餐就是"懒癌"患者和选择困难症患者的最爱。

投资也是一样。

前面我们讲过了，投资理财最终希望达到的效果是能够长久获得一根平滑的收益曲线。而要实现这个目标，我们就必须进行多种资产的配置——将不同风险属性的大类资产进行有效搭配。

不要把鸡蛋放在同一个篮子里——这句话相信大家都听说过。那么到底该如何搭配呢？面对着股票、债券、黄金，大家是不是觉得不知如何下手呢？

所以，投资中的"套餐"就来了——基金。

什么是基金？按照官方的定义，我们平时说的"基金"，全称是"证券投资基金"。证券投资基金，是指通过发售基金份额募集资金形成独立的基金财产，由基金管理人管理、基金托管人托管，以资产组合方式进行证券投资，基金份额持有人按其所持份额享受收益和承担风险的投资工具。

由于本书不是教材，所以没有打算从纯理论的角度来和大家解说什么是基金。

通俗点说，基金就是基金经理把大家的钱汇集到一起去投资某一个证券组合的产品。

这里有两个要点：

1. 基金是向投资者进行资金募集的，也就是把大家用来投资的钱集中起来，通过基金公司来进行集体投资。

2. 基金投资不是用来投资某一只股票或者债券的，基金投资是投资"一篮子"的有价证券，也就是说，一只基金就是一个"套餐"。

所以，基金是一个适合非专业投资者的投资品种。所谓的专业投资者，指的是对于投资市场有足够的专业知识积累，对于投资交易技术有非常深入的研究，并且有足够多的时间用于观察市场变化并做出实时决策的投资者。大家可以对照一下上面的标准，如果没有能够满足相关要求，都可以被归类为非专业投资者。

投资是件专业的事情，因为任何投资标的都有着外在的价格和内在的价值，而价格与价值在大部分时候都是不匹配的，价格会围绕着价值上下波动，有时候波动的区间相当大。专业投资者就是通过各种财务数据和历史经验数据的分析，加上对宏观经济周期、货币政策等外在因素的综合考量，去判断投资标的目前的价格到底高于还是低于它的实际价值。再根据不同的投资策略，来决定是否进行配置并以什么样的方式来进行配置。

大家可以回想一下自己以前买股票的时候，有做过以上的这些事情吗？

基金公司有专业的投资研究团队，管理基金产品的基金经理都是在市场中经过实战的锻炼、系统的学习，然后脱颖而出的优秀投研人员。所以，作为普通大众的我们，选择通过支付基金管理费的方式，让专业人士帮助投资，让专业的人做专业的事，投资获胜的概率比自己在市场中独自打拼要高很多。

有很多朋友可能会想，现在互联网如此发达，各种信息唾手可得，自己平时多看看市场信息，自学成才也应该可以在市场中搏杀一番了。

其实关于这个问题，只要换一个场景，大家就不会这么想了。过去这些年，随着国民收入的提升，大家的健康意识越来越高，所以，各种保健养生的信息在网络上也越来越多。不少疾病的甄别、诊断、治疗的知识也在网络上分享。一般的小毛病，不少人就自己搞定了。但是，如果生了大病，或者说需要动手术，大家觉得可以通过自学成才来搞定吗？

专业的价值在于系统化的训练和历史经验的传承以及专业视野的开阔，这些都是需要在特定条件下经过时间的打磨才能形成的。

把专业的事情，交给专业的人去做吧。

避免理财骗局：
选择透明的厨房

大家有没有发现，现在外出吃饭，有很多的餐厅都把厨房做成了玻璃隔断，没有条件做玻璃隔断的，也会通过在厨房安装多个摄像头的方式，把后厨的一举一动都展现在食客们的眼前，让大家看得清清楚楚。

为什么这些餐厅要这么做？原因很简单，就是为了让食客们放心，告诉食客们：我们的厨房都是规规矩矩的，所有的操作都有规范，出品质量在良好的后厨管理下能有非常好的保证，大家可以吃得放心。

投资是一个更需要安全的领域，因为我们掏出去的是辛辛苦苦挣来的真金白银。而在现实中，无数"你看中的是他的利息，他看中的是你的本金"的骗局在重复上演。所以投资选择的品种是否靠谱就显得尤为重要了。

一般现实中的理财骗局，都是以投资的名义募集资金，然后再把募集到的钱挪作他用，完全没有按照一开始承诺的方向进行投资。这样下去，只能是拆东墙补西墙，最后资金链断裂，让投资者血本无归。

所以，如果能够随时让投资者了解自己所投资出去的钱现在的状况如何，能够定期了解自己的钱投资在了哪些标的里面，实际的投资管理有没有按照一开始约定的方向和范围进行投资，那么是不是就等于让理财投资产品也有了一个"透明厨房"呢？是不是投资者将会更加放心，有效降低了投资中的风险呢？

公募基金就是拥有"透明厨房"制度的投资工具。

这里说到了公募基金，那么相对应的还有私募基金。关于公募和私募的区别，我们在下一章节给大家详细介绍。这里我们重点说说公募基金的"透明厨房"。

公募基金在目前所有面对普通大众的投资理财产品中拥有最高的透明性和信息公开性。

基金管理人、基金托管人和其他基金信息披露义务人应当依法披露基金信息，并保证所披露信息的真实性、准确性和完整性。基金信息披露义务人应当确保应予披露的基金信息在国务院证券监督管理机构规定时间内披露，并保证投资人能够按照基金合同约定的时间和方式查阅或者复制公开披露的信息资料。——《中华人民共和国证券投资基金法》（简称《基金法》）第七章第七十四、七十五条

也就是说，从法律层面上，公募基金都是需要做好准确的投资信息披露的，说白了，公募基金这个餐厅的厨房，不是说自己想不想做"透明厨房"，而是必须得做，不做就违法。

那公募基金要披露哪些具体的信息呢？我们一起来看看，这是《基金法》第七十六条明文规定的内容：

（一）基金招募说明书、基金合同、基金托管协议；

（二）基金募集情况；

（三）基金份额上市交易公告书；

（四）基金资产净值、基金份额净值；

（五）基金份额申购、赎回价格；

（六）基金财产的资产组合季度报告、财务会计报告及中期和年度基金报告；

（七）临时报告；

（八）基金份额持有人大会决议；

（九）基金管理人、基金托管人的专门基金托管部门的重大人事变动；

（十）涉及基金财产、基金管理业务、基金托管业务的诉讼或者仲裁；

（十一）国务院证券监督管理机构规定应予披露的其他信息。

从以上十一项内容，我们可以发现，从基金产品发行设立开始，到销售募集期间，再到基金份额上市交易、投资过程中的投资组合现状，这些和投资者息息相关的信息全部都是法律要求披露的内容。

所以，这个厨房不但修建的图纸全部公开告诉了食客，而且从哪里进的原材料、用什么步骤来做的饭菜、每道菜的制作步骤、配方等几乎所有的信息，全部都是公开透明的，让大家能够清楚了解自己的每一分钱都花在了哪里。

公募基金本质上是投资者基于信任，将手中的资金托付给基金公司、基金经理来帮忙参与证券市场投资的产品，本质上是一种信托的关系。

而为了保证资金的安全性，在我国，公募基金募集的资金必须放在基金托管人那里，而不是直接给到基金管理人。通俗点说，大家买基金的钱，并不是直接给基金公司的，而是放在基金托管的银行或者证券公司，基金公司没有办法直接接触到大家买基金的钱。

之所以这么设置，也是为了保证投资者的资金安全。基金托管人对基金管理人针对资金资产的各种操作，会起到监督的作用，避免在投资过程中出现违规违法的情况。

也就是说，公募基金在投资的过程中，不但要定期披露各种投资信息，而且还要全程受到基金托管人的监督。

平时我们如果做了某只基金的投资，每天都能够看到基金公布的单位净值，可以清楚知道每天的收益变化情况。每个季度结束后，所有的基金产品都会按要求发布基金产品的季度报告，每年的年中会发布基金的中期报告，每年结束之后会发布基金的年度报告。在这些报告中，基金公司将会详细披露基金产品投资组合的情况，告诉公众基金经理在报告内的时段，做了哪些具体的交易，现在基金持有的各种证券数量为多少，价值几何。而且还会告诉大家基金的投资有没有遇到什么大家不知道的问题，基金经理也会介绍自己投资的思路和对后市的看法以及投资策略，等等。

季报、中报和年报是我们投资基金过程中非常重要的信息披露文件，能够充分了解自己投资出去的资金到底是如何运作的，所以建议大家要定时去关注阅读。

基金的季报是在每个季度结束之日起十五个工作日内编制发布，中报是上半年结束之日起六十日内编制发布，年报是在每年结束之日起九十个工作日内编制发布，年报中的财务会计报告要经过审计。

这些报告的正文都会发布在各家基金公司的官网上面，大家可以按照时间去进行关注查阅。关于定期报告阅读的技巧，在后面我会给大家进行介绍。

综上所述，拥有"透明厨房"的公募基金，是能够让大家放心投资的。

二、如何根据自己的
风险偏好选择基金

公募与私募

前文中和大家强调了公募基金是面向公众信息最透明的投资产品，既然有公募，自然就有私募。

不少朋友也经常会在各种渠道询问我，基金到底是公募好还是私募好。我们就来一起了解一下这两者的异同。

公募跟私募，顾名思义，公募基金就是可以面对公众进行募集发售的基金产品。

一般可以在银行、证券公司、蚂蚁金服、天天基金之类的第三方平台或者基金公司网站和 App 上面很方便地进行申购赎回的产品都属于公募基金。

因为公募基金所面向的客户是没有选择性的，只要是一个正常的具有完全民事行为能力的人，就可以根据自己的意愿去选择公募基金进行投资，没有其他的额外要求。而私募基金就不一样了。

私募基金，大家看这个"私"字，它代表的是什么？它代表的是不能向公众进行公开的宣传，私募基金对于客户是具有一定选择性的。在投资领域有一个词叫做"合格投资者"，什么是合格投资者呢？我们来看一下标准：

　　根据 2018 年 4 月发布的《关于规范金融机构资产管理业务的指导意见》规定，资产管理产品的投资者分为不特定社会公众和合格投资者两大类。

　　合格投资者是指具备相应风险识别能力和风险承担能力，投资于单只资产管理产品不低于一定金额且符合下列条件的自然人和法人或者其他组织：

　　（一）具有 2 年以上投资经历，且满足以下条件之一：家庭金融净资产不低于 300 万元，家庭金融资产不低于 500 万元，或者近 3 年本人年均收入不低于 40 万元。

　　（二）最近 1 年末净资产不低于 1000 万元的法人单位。

　　（三）金融管理部门视为合格投资者的其他情形。

　　投资者不得使用贷款、发行债券等筹集的非自有资金投资资产管理产品。

　　必须是合格投资者才有资格去认购或者申购私募基金。

　　所以私募基金只是面向一小部分合格投资者的投资品种，而不是面对普通大众。

　　在投资的门槛上面，公募和私募的区别也非常大。

　　公募基金一般的投资门槛是 1000 元起，很多货币基金类的产品，已经是 1 元起投，如果是以定投方式去进行公募基金的投资，单次扣款的最低金额，很多平台已经降到了 10 元起。所以，公募基金几乎没有在投资资金上设置门槛。

　　但是私募基金的门槛就要高得多了，根据《资管新规》的规定：合格投资者投资于单只固定收益类产品的金额不低于 30 万元，投资于单只混合类产品的金额不低于 40 万元，投资于单只权益类产品、单只商品及金融衍生品类产品的金额不低于 100 万元。

　　所以，如果没有足够多的资金，大家连私募基金的投资门槛都够不着。

　　之所以有这样的规定，是因为私募基金信息不如公募基金公开透明，而且对于资金投资的限制相对而言也会更宽松一些。所以私募基金在正常情况下，投资风险是要大过同类的公募基金的。因此作为私募基金的投资者，他们必须具有高于普通大众投资者的风险识别和风险承受能力。

所以对合格投资者的认定条件中会有对家庭金融资产数量的要求或者是收入的要求，因为拥有高收入和高额家庭资产的投资者对亏损的容忍度、对风险的承受能力情理上会更高一些。

而对于一般投资者而言，平时能够买到的都属于公募基金。

前面说了，公募基金投资的门槛特别低，1元起就可以投资，也就意味着它所面向的是普通大众，而普通大众的风险承受能力整体来讲可能并不算很高，差别会比较大。所以监管机构就会特别注意要去保护中小投资者的利益，保护弱势方的权益。

因此，对于公募基金的信息披露，以及各种投资方面的风险控制都有非常严格的要求，这样才能有效控制风险。

所以我们才看到了公募基金的"透明厨房"，看到公募基金每天都会公布单位净值，每个季度都会公布基金的季报，每半年都有基金中报，每年都会有基金的年报。通过严格的信息披露机制，公募基金投资的运作变得特别透明。

除此之外，公募基金对于不同产品的投资方向都通过基金合同做了严格的限制，严格规定基金经理必须按照基金合同来进行相应的投资，不允许违反。

另外，为了保证投资者资金的安全，公募基金托管人跟基金管理人两者是分别承担着不同的责任的。大家平时去投资一只基金，资金通过代销渠道（银行、证券公司、网络第三方平台）或者直销渠道（基金公司 App）购买之后，资金其实并没有放在基金公司，这个钱是放在这只基金的托管机构中的。一般来讲，公募基金的托管机构现在都是商业银行和证券公司，所以大家买基金的钱是放在了银行和券商，基金管理公司也就是基金管理人其实只做投资管理。

根据《基金法》第三十七条的规定，基金托管人发现基金管理人的投资指令违反法律、行政法规和其他有关规定，或者违反基金合同约定的，应当拒绝执行，立即通知基金管理人，并及时向国务院证券监督管理机构报告。

基金托管人发现基金管理人依据交易程序已经生效的投资指令违反法律、行政法规和其他有关规定，或者违反基金合同约定的，应当立即通知基金管理人，并及时向国务院证券监督管理机构报告。

所以，基金托管人对基金管理人是有监督义务的。

并且，《基金法》第三十五条规定：基金托管人与基金管理人不得为同一机构，不得相互出资或者持有股份。

过去经常有朋友问我说：基金公司如果拿了钱跑路了怎么办？

我告诉你，基金公司根本就没有办法拿大家的钱，也接触不到大家的钱，钱是放在托管机构的，现在一般都是放在商业银行和证券公司里面。

所以公募基金应该说是普惠金融中非常适合老百姓去投资的一种工具。

本书后面所讲到的"基金"，都是指公募基金。

Chapter 2

封闭与开放，
基金投资中的基本概念

上一节和大家讲了私募基金和公募基金的区别，我们接下来就要好好说说公募基金的一些基础知识了。

在公募基金中，有两个大的类别：一类叫做封闭式基金，另外一类叫做开放式基金。现在市场上大家投资的主流都是开放式基金。

所谓封闭和开放，指的是基金产品的份额到底是固定不变的，还是随时可以变动的。要解释清楚这个问题，我们就需要先去了解"份额"的概念。

其实基金的份额，就像股票的股数一样，是投资基金的一个计算数量和价格的单位。我们用一笔钱去投资某一只基金，肯定得有一个价格，否则没法计量。

我们用一个投资基金的例子来一次性介绍基金投资中常见的几个概念。

假设现在我手中有1万元，想去投资图2-1中的这只基金。

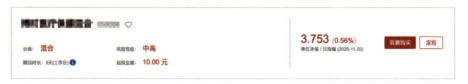

图2-1

这个时候我们看到这个产品的单位净值为 3.753 元，所谓的单位净值就是这只基金每份额的资产净值，我们如果要申购这只基金，那么在不考虑申购手续费的情况下，10000 元能够买到的基金份额为：

10000 ÷ 3.753 = 2664.54 份

但是除了货币基金之外，所有的基金都是有申购费的，所以这个时候我们就要查一下这只基金的申购费率是多少了，我们来看看这只基金的费率表，见图 2-2。

▶ **费率结构**

1. A类基金份额的申购和赎回费率

表：基金的申购费率结构表

申购金额（M）	申购费率（%）
M<50万元	1.50%
50万元≤M<100万元	1.00%
100万元≤M<500万元	0.60%
M≥500万元	收取固定费用1000元/笔

R类基金份额的申购费率最高不超过5%，具体申购费率以香港销售机构规定为准。

表：本基金A类基金份额的赎回费率表

持有基金份额期限（Y）	赎回费率（%）
Y<7天	1.50%
7天≤Y<两年	0.50%
两年≤Y<三年	0.25%
Y≥三年	0

注：1年指365天
来源：████

A类基金份额的赎回费用由赎回基金份额的基金份额持有人承担，在基金份额持有人赎回基金份额时收取。对持续持有期少于7日的投资人收取不低于1.50%的赎回费，对持续持有期不少于7日的投资人收取不低于赎回费总额的25%应归基金财产，其余用于支付登记费和其他必要的手续费。

2. 管理费及托管费

管理费	1.50%
托管费	0.25%

图2-2

在这张费率表中，我们发现有不少知识点。来，让我们全部都了解一下吧。首先，基金的申购费一般都是按照不同金额等级来划分不同的费率的，金额越大，申购的费率就越低。这个很好理解，薄利多销嘛。

我刚才说的投资金额是 1 万元，低于 50 万元，所以申购费率是 1.50%，那么这个时候投资这只基金能够买到的份额就要变少了，因为要被收取申购费。这个时候计算的公式就变成了下面这个样子：

申购费用 ＝（申购金额 × 申购费率）/（1+ 申购费率）

我们代入具体金额：

申购费用＝（10000×1.50%）/（1+1.50%）＝147.78 元

然后我们能够买到的份额数为：

（10000 － 147.78）÷3.753 ＝ 2625.16 份

这里说到的买入动作叫做"申购"，对应还有一个投资基金的术语叫做"认购"。认购和申购其实是一个概念，都是投资者买入基金份额进行投资的动作，但是针对新发行的基金产品，在首次公开发行（IPO）期间的买入动作，都叫做"认购"，而针对所有的存量基金产品，在基金存续期间的买入动作，就叫做"申购"。

一般来说认购期的基金产品，其认购费率会比同一只产品存续期的申购费率要优惠一些，一般都会打个八折。这个也很好理解，新开张，特价大酬宾，所以给个折扣。

认购是新发基金产品特有的，而且不管是封闭式基金还是开放式基金，在 IPO 的时候都是叫做认购。但是封闭式基金是没有"申购"这个动作的。

因为封闭式基金的定义是：基金发行总份额和发行期在设立时已确定，在发行完毕后的规定期限内发行总份额固定不变的证券投资基金。

画重点：总份额不变！所以这意味着封闭式基金的投资者在基金存续期间内不能向基金公司申请赎回基金份额，基金份额的变现必须通过证券交易场所上市交易。同样，如果想要在封闭式基金存续期间买入，也不能向基金公司申请购买——也就是不能申购。投资者想买封闭式基金来投资，都必须通过证券经纪商在二级市场上进行竞价交易买入——像普通的股票交易那样。

所以封闭式基金的"封闭"指的就是一旦基金 IPO 完成，在到期之前，基金份额是封闭起来的，不会增加也不会减少，想要买卖，都必须在二级市场像普通股票那样竞价交易才行，所以封闭式基金在存续期间不存在申购和赎回。

而开放式基金刚好相反。开放式基金是指基金发起人在设立基金时，基金份额的总规模不固定，可视投资者的需求，随时向投资者出售更多的基金份额，并可以应投资者的要求赎回发行在外的基金份额的证券投资基金。

所以，开放式基金的总份额是开放的，不封闭的，基金的总份额可以变多，也可以变少。投资者想要投资基金的时候，可以直接向基金公司申请购买新的基金份额——也就是申购。不想投资了，也可以向基金公司提出赎回申请——也就是要求基金公司按照当时的基金单位净值买回投资者手中所持有的基金份额，把真金白银还到投资者的指定账户中。

在我国基金发展的早期阶段，市场上基金产品基本上全部都是封闭式基金。但是随着 2001 年第一只开放式基金诞生之后，现在开放式基金已经成了我国基金市场的主流产品，见表 2-1。

表2-1

基金类型	数量合计（只）	占比（%）	份额合计（亿份）	占比（%）	资产净值合计（亿元）	占比（%）
封闭式基金	12	0.13	76.30	0.03	391.1332	0.15
中小盘封闭式基金	12	0.13	76.30	0.03	391.1332	0.15
开放式基金	9,163	99.87	219,183.15	99.97	254,874.2632	99.85
非货币开放式基金	8,830	96.24	124,690.61	56.87	159,654.9048	62.54
货币型基金	333	3.63	94,492.54	43.10	95,219.3584	37.30
全部基金	9,175	100.00	219,259.45	100.00	255,265.3964	100.00

数据来源：Wind 威尼斯摆渡人，截至2021-12-31

截至 2021 年 12 月 31 日，我国市场上存续的 9,175 只基金中，开放式基金有 9,163 只，数量占比达到 99.87%，资产净值占比达到 99.85%，占据了绝对的主流。所以本书后续所讨论的基金，除非特指，都是讲的开放式基金。

说到这里，还要特别和大家提一下，现在市场上有很多带有封闭运作期的基金，比如封闭一年、封闭三年等等，这些基金仍然是属于开放式基金，是设置了封闭运作期的开放式基金。

这些基金并没有规定基金份额的上限是固定不变的，只是在每次的封闭运作期间不接受申购赎回的申请而已，待到封闭运作期结束，仍然是开放申购和赎回的。**所以大家不要把这些开放式基金产品和封闭式基金混为一谈。**

主动基金与被动基金

平时大家说到基金投资，相信不少人都听说过指数基金这个概念，那什么是指数基金？指数基金和非指数基金到底有什么区别呢？

要了解什么是指数基金，那么就必须先了解什么是指数。

指数是市场中的一座灯塔，是评价整个市场上涨与下跌的一个整体性的指标。

听起来好像特别专业、晦涩。我们举一个最简单的例子，比如说你肚子饿了，决定去超市买点东西吃，刚刚好今天超市在搞大促销，你买到的这个东西比平时便宜了 50%，那这个时候你能不能得出这样一个结论：今天在整个城市里面所有食品的价格全部都下跌了 50%。我想你一定得不出这样一个结论。

为什么？因为个体的涨跌并不能代表整个市场的涨跌，那是否有评价整个市场涨跌的一个指标呢？这个东西就是指数。

回到我们所说的投资市场，其实指数一般来讲是由专业的机构通过一定的科学方法，把整个市场中具有代表性的一些证券编制出来，得到一个平均性的指标，这个指标就叫做指数。

一般来讲，这些专业机构会在市场中挑选具有代表性的证券，并且选定一个固定的日期作为基日（起始基础日期），以这一天这些入选证券的价格算出来的这个值作为一个基点（指数起点）。这个基点有可能是 100 点，有可能是 1000 点。

我们用沪深 300 指数做一个例子来看看，见图 2-3。

沪深300 (000300.SH)-基本信息

指数名称	沪深300指数	英文名称	CSI 300 INDEX
指数代码	000300.SH	指数类型	股票类
基日	2004-12-31	基点	1000
发布日期	2005-04-08	发布机构	中证指数有限公司
加权方式	市值加权▸自由流通市值加权分级靠档	收益处理方式	价格指数
产品跟踪数量	170 (ETF: 38)	业绩基准	4425
所属板块	指数▸股票指数类▸市场指数▸大中华地区指数	成分数量	300
指数简介	沪深300指数由上海和深圳证券市场中市值大、流动性好的300只股票组成，综合反映中国A股市场上市股票价格的整体表现。		
指数编制方式	🗎 沪深300指数编制方式		

资料来源：Wind 威尼斯摆渡人

图2-3

沪深 300 指数的基日是 2004 年 12 月 31 日，基点是 1000 点，由 300 只成分股组成。

在以后的交易日中，指数编制公司会根据每个指数中所有成分证券的价格变动跟基日的对比程度来算出每一天指数到底是多少。我们就可以通过指数的涨与跌来判断整个市场的整体性变动方向。

所以指数可以非常方便地让所有的投资者去判断市场到底是一种什么样的运行状况。

比如说 2018 年上证指数全年下跌，这个时候我们一看这个指数的表现，就会得到这样一个结论：2018 年我们的上海股市表现并不是很好，因为全年它下跌了。因此我们说指数是投资者在投资某一个市场时的一个标尺、一座灯塔。

投资者可以根据自己投资的收益情况来判断自己是跑赢了市场还是跑

输了市场，最后来评定一下自己在某一个时间段里的投资结果是否达到了预期。

我也稍微给大家做一个介绍，指数的编制一般有以下几个步骤：

第一个步骤叫做抽样，因为任何一个市场里面都有非常多的证券，那这个时候你可以把所有的证券全部都纳入指数的考量范围之内，也可以在其中挑选某一些具有代表性的证券作为一个参照的样本。就好比如果我们要统计深圳地区的房价状况，可以以全深圳区域内的所有商品房价格作为样本来计算全市的房价水平，也可以只以福田区的所有商品房价格作为样本来计算福田区的房价水平，还可以只以莲花街道所辖区域所有商品房价格来计算莲花街道的房价水平。

第二步我们要给抽样中的每一只证券、每一只成分股赋予权重，一些很重要很具有代表性的股票可能在这个指数中间占的权重就会比较大，一些成交量特别大、成交特别活跃的证券我们也可以给它赋予更大的权重。

有了样本、有了权重之后，我们进行第三步，用一个公式把它们进行整合计算，得到一个平均值，这就是指数的结果。

另外，指数都会设定每年有一次或者数次来调整指数的样本股。

因为有些股票经过半年或者一年左右的时间发生了很大变化，比如说涨得特别好，市值变得特别大，也有一些可能走得并不是那么好，出现了一些黑天鹅事件，股价出现大幅下跌，或者上市公司出现了一些违法违规的行为，相关的股票已经不再符合指数所设定的取样标准了。那么这个时候，指数编制机构要对指数的样本股进行调整，保证所有指数的样本股能够一直满足最初的条件设定。

好了，讲了这么多的指数知识，指数基金就很简单了，顾名思义，指数基金就是用来跟踪某一个标的指数的基金产品。所以一般来讲，指数基金的投资目的特别明确，就是通过基金公司的投资管理，让指数基金的走势尽量和它所跟踪的标的指数一致就好了。

如果投资者打算投资某一个市场，或者说看好某一个行业、看好某一个板块，就可以直接去选择投资某一只指数基金。

指数基金目前跟踪的标的指数已经琳琅满目了，有沪深300、中证500、创业板指数等宽基指数，也包括像军工、医药、白酒等行业指数。

如果投资者看好大盘，那么可以买跟踪大盘指数的基金，比如沪深300指数基金；如果看好中盘，那么可以去配置跟踪中盘指数的基金，比如中证500指数基金；如果投资者看好某个行业，那么可以去配置跟踪某个行业指数的基金，比如中证白酒指数基金等。

通过投资指数基金，投资者就等于购买了一篮子具备同种风格的股票来达成自己的投资目的。

指数基金到底是如何来操作，如何来评价的呢？

其实一个基金管理公司要去做一只指数基金，一般要经历下面的几个步骤。

第一步是选择目标指数，就是指数基金是用来跟踪哪一个指数的，是跟踪沪深300，还是跟踪上证50，等等，先选好这个。

第二步就是要构建投资组合，指数基金的投资组合构建还是比较有技术含量的，比如说我们要跟踪上证50指数，构建这个指数基金组合的时候，你就必须要跟上证50指数一样去配置50只在上海证券交易所上市的上证50成分股公司的股票。

构建指数基金投资组合的时候，基金公司可以采取完全复制的方式，跟上证50每只股票在整个指数中占比完全一样，把它复制到基金的投资组合中来，这样整个指数基金的业绩走势就跟上证50指数完全匹配。当然基金公司也可以采取行业抽样或者分层的方式来进行指数基金投资组合的构建。但是现实中采用完全复制的方式是比较多的。

第三步就是实时进行成分股的调整——前面有讲过所有指数都会定期进行样本股的更新调整。而作为指数基金，也必须跟随指数样本股的调整来买卖调整投资组合中股票的构成，这样才能达到跟踪指数的目的。

所以，从指数基金的投资模式，我们可以发现一点：基金经理在管理指数基金的时候，是没有什么自主权的，他们没有根据市场的变化而决定卖出或买入某只股票的权力。他们管理指数基金唯一的目标就是和标的指数保持一致的走势，随着标的指数的变化来调整自己的投资组合，指数调整出去了哪些样本股，那么基金经理也要随之卖出这些股票，指数调整进来了哪些样本股，基金经理也要随之买入这些股票。基金经理的调仓和管理动作都是被动进行的。

因此，指数基金就是被动投资型基金，而非指数基金，就是主动管理型基金。

被动投资型基金和主动管理型基金在选择投资的技巧上有着巨大的差异，所以我们必须要从一开始就了解如何区分两种不同类型的基金。

平时我们在各种基金投资平台上看到的基金产品名称，往往都只是简称而已，通过简称，是很难分辨出被动型和主动型基金的。**我们一定要看到基金产品的完整全名。**

如果基金产品的全称中含有"指数基金"或者"ETF 联接基金"的字样，那么就是被动投资型的指数基金。如果基金产品的全称中没有这些字样，就是主动管理型基金。

您记住了吗？

两者到底有什么样的区别呢？

所谓的主动管理型基金，尤其是主动管理的股票型基金，它的目的是获得超越市场基准的收益，基金经理可以在拿到募资之后根据自己对市场的判断、对行业的分析、对个股的分析构建自己的投资组合，根据自己的投资习惯、自己的风险偏好来构建具有自己个性的投资组合，它的目的是获取超越市场平均的收益。

而被动型投资基金其实就是指数基金。指数基金的基金经理在拿到客户的资金之后，是没有办法根据自己的想法去构建投资组合的。他能做的事情就是依据指数基金所跟踪的目标指数，来复制目标指数的成分股构成，形成自己的投资组合。在整个过程中，它的目标是要获取市场的平均收益，而不是超额收益。

所以主动管理型基金跟被动管理型基金最大的差别就在这里，一个是要获得超越基准的收益，而另外一个是只求获得市场的平均收益。

那这两者相比之下的优劣到底如何呢？

首先，指数基金的管理费是比较便宜的，根据万德的数据，我们可以看到，目前市场上的指数基金的平均管理费年费率应该是 0.64%，而主动管理的股票型基金的年费率平均为 1.46%，所以从这一点来讲，指数基金比主动管理的股票型基金费用是要便宜的。

其次，两者追求的收益不一样，一个是超越基准的收益，一个是平均收益，其实这里就涉及两个投资中的基本概念 —— α 收益跟 β 收益。

什么叫 α 收益，什么叫 β 收益呢？准确地说，β 收益就是整个市场系统性获取的收益，而 α 收益是指单独的超越市场的收益。

我们举一个最简单的例子来方便大家理解，如果您在 2015 年有在深圳购置一套房产进行投资的话，不管买在深圳的哪里，2015 年到 2020 年深圳的房价整体都在往上涨，房价整体涨幅达到 100%，这个时候您所获得的收益就叫做整个房地产市场的 β 收益，也就是只要是在深圳买了房的人都能获取的一个整体收益。

但是具体到您自己购买的这个房产上面，您会发现因为您的小区的开发商特别好、小区的环境特别好、地理位置特别好，所以深圳整体房价上涨了 100%，而您的房子价格却上涨了 180%，那这个时候您就获得了超越整个市场 80% 的额外上涨收益，这部分就叫做 α 收益。

所以股票型基金追求的是 α 收益，而指数基金追求的是获得市场的平均收益，也就是 β 收益。

基金的分类：货币基金

在现实中，经常有很多身边的朋友知道我是基金公司的从业人员，然后就会问我说：哎，我买了某某基金，不知道好不好，你能不能帮我看看。

一般这种时候，我首先都会问一句：你买的是什么类别的基金？

结果发现大部分人都搞不太清楚自己买的是什么基金，说是银行推荐的，或者是朋友推荐的。

我一直和身边的朋友强调一个投资的观点：我们投出去的钱是自己辛辛苦苦挣回来的，所以必须对自己的投资负责，必须要清楚地知道自己投了什么类别的基金。**不懂不做，这是投资的一个基本前提。**

之所以给大家介绍基金，是因为公募基金有严格的监管以及非常透明的信息披露制度，再加上可以投资的范围又特别广，基本上涵盖了市场上所有能够投资的资产，因此是普通老百姓进行普惠金融投资的一个最佳工具。

既然我们是要和大家说如何投资基金，就必须对基金有一个比较全面的了解，才知道该如何入手。

如果您是一个基金投资新手，完全没有接触过基金的话，那我就要告诉您，其实基金几乎可以满足大家对各种风险偏好的需求。我们都听过一句话：风险与收益成正比。确实如此，要想获得更高的收益，我们肯定要承担更大的风险，千万不要想着去找所谓有很高收益但是却没有什么风险的投资，那些投资大概率是骗人的。

我们按照风险由低到高，给大家介绍一下基金到底有哪些品种。

首先，要告诉大家的是，基金中只有一类是设置有保本条款的，那就是保本型基金。由于现在监管部门已经不再允许新发保本型基金，在市场中存续的保本型基金，在到期后也要转型为不带保本条款的基金，所以我们现在可以这么认为：基金产品都是有风险的，不是保本类的投资品种。市场上能够保本的产品，只有银行储蓄和非投资联结的保险产品。是的，在《资管新规》全面实行之后，未来连银行的理财产品慢慢都会变成非保本的净值型理财。

在基金中，风险最低的品种，是货币市场基金，一般简称为货币基金。

货币型基金其实也就是在过去这些年大家用得很习惯的各种"宝宝类"的产品，例如最早的余额宝。

按照官方的定义：货币市场基金是指仅投资于货币市场工具，每个交易日可办理基金份额申购、赎回的基金。货币市场基金应当投资于以下金融工具：现金；期限在 1 年以内（含 1 年）的银行存款、债券回购、中央银行票据、同业存单；剩余期限在 397 天以内（含 397 天）的债券、非金融企业债务融资工具、资产支持证券；中国证监会、中国人民银行认可的其他具有良好流动性的货币市场工具。不得投资于以下金融工具：股票；可转换债券、可交换债券；以定期存款利率为基准利率的浮动利率债券，已进入最后一个利率调整期的除外；信用等级在 AA+ 以下的债券与非金融企业债务融资工具；中国证监会、中国人民银行禁止投资的其他金融工具。（中国证监会网站）

大家看上面这段文字是不是会有点晕？

我们来通俗地解释一下。

货币基金投资的都是短期的货币市场工具，比如一年以内的存款、央行票据、同业存单等等，这些资产的流动性都非常好。

在投资市场当中，如果一个资产的流动性好，相对而言它的风险肯定就会比较低——因为可以很快变现的资金，自然安全性会比较高。当然由于收益跟风险是成正比的，所以这些资产的收益不会太高。

我们看到货币基金是不许投资股票、可转债等风险较高的资产的，而且能够投资的债券，信用等级最低不能低于 AA+，最长的剩余期限也必须在 397 天以内。

信用等级越高，债券的票面利率就越低，到期的时间越短，借款的利率也会越低。这就意味着，其实货币基金能够投资的资产的收益率，不会比一年期的高等级债券高多少。

这些投资方面的限制，使得货币基金的投资风险很低，而且流动性特别好，变现非常容易，几乎没有风险——请注意我说的是"几乎"，因为毕竟货币基金没有保本条款，而且确实在极端市场情况下，可能会出现单日收益为负的情况，只是这种情形发生的概率很低而已。

所以一般情况下，我们会把货币基金当成活期储蓄的一个替代品，是非常好的流动性管理工具。大家平时要随时用的资金，就可以放在货币基金里面。

由于货币基金投资的都是短期的货币市场工具，它的收益虽然不高，但是会随着市场流动性松紧的变化，出现收益率的下降或者上升。

我们来看一下某只货币基金过去这五年年化收益率的变化情况，见图2-4。

历史收益

图2-4

从数据曲线看，我们发现货币基金的收益是高于目前一年期定期存款收益率的，但是随着利率市场化的推进，货币基金的收益率相比以前已经又下了一个台阶，目前的年化收益率一般在1.5%上下。

我们可以看一下过去五年市场上所有货币基金的平均收益状况，见表2-2。

表2-2

	YTD	3月	6月	1年	2年	3年	5年	总回报
▨▨▨▨▨▨	1.69%	0.52%	0.91%	1.98%	4.48%	8.44%	15.11%	68.35%
一年期定期存款利率	1.33%	0.37%	0.75%	1.50%	3.02%	4.57%	7.73%	28.28%
货币市场型基金	1.78%	0.53%	0.94%	2.07%	4.69%	8.52%	15.12%	63.82%
同类排名	498/690	423/701	444/692	482/684	493/671	426/673	247/386	——

数据来源：Wind 威尼斯摆渡人，截至2020-11-20

全市场货币基金过去五年总回报达到15.12%，而一年期定期存款五年的总收益为7.73%，可见货币基金的收益率相比定期存款是有很大优势的。但是，随着市场利率的整体下降，货币基金的收益水平也在慢慢下降。

另外，货币基金很灵活，手续费很便宜！

货币基金申购赎回是没有手续费的！也就是大家买入货币基金和卖出货币基金，是不用交易手续费的。

货币基金的收费只有管理费、托管费、销售服务费这三项所有基金都有的收费项目，而且这三项费用都是依照年费率按日计提，费率在所有基金品种中几乎也都是最低的。

像上文中用来举例的那只货币基金，管理费率为 0.33%，托管费率 0.10%，销售服务费率 0.25%，三项加起来 0.68%，这是一年的费率。算下来每天持有的费率为 0.002% 不到，便宜啊！

对比一般股票型基金 1.5% 的管理费，0.25% 的托管费，再加上申购赎回的手续费，货币基金确实是便宜的典范。

除了便宜，货币基金还灵活。

现在大部分货币基金都支持 10000 元以内的当天赎回到账，超过 10000 元的部分，T+1 日可以赎回到账。也就是说，相比活期存款，我们只要损失一天的流动性，就可以获得远远超过一年期定期存款的收益。

这么好的事，不做太可惜啦。

那么货币基金投资有没有什么技巧呢？别急，在后面投资技巧篇中，我和大家慢慢讲。

基金的分类：债券型基金

上一节和大家讲了风险最小的基金品种——货币基金。货币基金是用来做流动性管理的好工具，在我们的资产配置组合中，保持适度的流动性供日常开销使用是必需的。

而除了流动性之外，真正作为资产配置重要基石的是低风险投资品种，也就是我们平时说的固定收益类投资产品。这类产品的风险不算高，确定性较强，可以帮我们获取超越存款的收益，前些年大众特别喜欢买的银行理财产品就属于这一类。

其实银行理财产品大部分都是投资于债券市场的，现在随着《资管新规》的推行，银行的理财产品也在逐步从预期收益类产品向净值类产品转型，而净值型的理财产品，就已经和基金中非常重要的一个大类——债券型基金很相似了。

其实债券型基金在过去这些年应该说还是蛮受大家欢迎的，因为毕竟中国的股市往往呈现牛短熊长的走势，而银行的理财产品收益率也在逐年往下走。因此在过去的这几年，债券型基金应该说是比较受大家欢迎的。

尤其是在2018年和2019年，中证全债指数分别上涨了8.85%和5.08%（数据来自 Wind），整体表现良好。大家发现，其实配置债券基金的收益并没有想象中那么差，而且相比股票型基金，它的风险确实要小很多。

债券型基金，按照定义来讲，是指 80% 的基金资产都要投资于债券市场的基金产品。

所以债券基金更多的风险来源于债券市场，而债券市场相对股票市场而言，波动风险就会小很多，这是债券和股票两种不同投资品本身的风险属性决定的。

我们可以看一下中证全债指数这个中国债券市场的指标，在过往的十年当中，有八年的收益都是为正的，中间有两年为负，而这两年当中亏得最多的那年，中证全债指数也仅仅下跌了 1.07% 而已，见表 2-3。

表2-3

年份	中证全债指数	沪深 300
2012年	3.52%	7.55%
2013年	−1.07%	−7.65%
2014年	10.82%	51.66%
2015年	8.74%	5.58%
2016年	2.00%	−11.28%
2017年	−0.34%	21.78%
2018年	8.85%	−25.31%
2019年	4.96%	36.07%
2020年	3.05%	27.21%
2021年	5.65%	−5.20%

数据来源：Wind 威尼斯摆渡人，截至2021-12-31

我们再看看同期股票指数沪深 300 的年收益状况，十年中涨跌的年份各半，年跌幅最高达到了 25.31%。

很明显，债券市场的风险远远小于股票市场。所以相对而言，投资债券市场的债券型基金的风险比起股票型基金也要小很多。

风险是小了，那么债券型基金的收益水平如何呢？

表2-4

年份	债券型基金算术平均年回报率（%）
2012年	7.3614
2013年	0.2964
2014年	21.0776
2015年	11.2827
2016年	0.1520
2017年	1.8776
2018年	4.1681
2019年	6.1186
2020年	4.1759
2021年	4.9634
合计	61.4737
算术平均	6.1474

数据来源：Wind 威尼斯摆渡人，截至2021-12-31

从表 2-4 中可以看到截止到 2021 年末，过去十年，全市场债券型基金的平均收益率合计达到 61.47%，算术平均年化收益率达到 6.15%，这个收益率已经超过了普通的银行理财产品。而且这只是全市场产品的算术平均值，如果大家在本书的后面学会了挑选主动管理型基金的技巧，相信择优选出来的债券型基金的投资收益会高于市场的平均水平。

债券型基金其实还有几个更细的分类。

按照定义而言，基金资产至少有 80% 投资于债券市场的就叫做债券型基金，所以还剩下另外 20% 的资产是可以选择投资不同风险证券的。

第一种情况：如果这 20% 的基金资产也规定只能投资于债券市场，那么这只基金就是 100% 都投资于债券市场的，所以这一类的债券型基金就叫做纯债基金。纯债基金在债券型基金当中属于风险最低的一类。

　　第二种情况：如果这 20% 的基金资产可以参与到新股上市的股票打新这项业务当中，那么这种债券型基金就叫做一级债基。大家一听是不是觉得一级债基应该蛮好的，因为股票打新现在来看几乎是一种稳赚不赔的生意，再加上一级债基还有债券投资的收益，那这一类产品应该是不错的。

　　确实如此，但是很遗憾，我要告诉大家的是：从 2015 年下半年开始，证监会调整了相关的规则。如果投资者（包括个人和机构）要参与股票打新，必须要先持有股票的底仓。而一级债基按照基金合同的约定，是没有办法直接在二级市场上去买股票做底仓的，所以现在所有的一级债基其实都参与不了股票打新。也就是说，现在市场上的一级债基，其实就等同于纯债基金。

　　第三种情况：如果这 20% 的基金资产可以去参与二级市场交易，也就是可以到股票市场进行股票的投资，那么这一类的债券基金就叫做二级债基。二级债基中 80% 的基金资产投资于债券市场，另外 20% 可以到股市去买卖股票，而股票的投资风险是远大于债券投资的，所以二级债基在债券型基金当中是属于风险最高的一个分类。

　　有些朋友可能会问了：可转债基金是什么情况呢？

　　可转债基金也是属于债券基金的一种，所以有些公司的纯债基金在基金合同中也会把可转债基金纳入投资的范围。但是由于可转债基金跟股市的走势相关性非常大，它的风险也会比一般的债券基金大很多。因此，如果一只纯债基金是可以投资可转债基金的，那它就是风险比较高的一类债券型基金，它的风险和二级债基比较接近。所以大家在投资纯债基金的时候，一定要额外关注一下，你所选的产品是否把可转债基金纳入基金的投资范围。

Chapter 2

基金的分类：股票型基金

股票型基金，顾名思义，就是主要投资于股票市场的基金产品，也是我国投资者最喜欢的基金品种之一。

那股票型基金的准确定义是什么呢？

股票型基金是指基金资产最少 80% 要投资于股票市场的基金产品。这个定义说明一个问题：股票型基金是不能大幅减仓的……再怎么减，最低的股票仓位也得占八成。

这样的规定可以得出一个非常重要的结论：遇到市场系统性下跌的时候 —— 也就是大家说的股市熊市的时候，股票型基金是没有办法避免亏损的，一定会随着市场一起跌，因为它没法降低股票仓位。当然，如果股市走牛，那么股票型基金也会风生水起，为投资者带来丰厚的收益。

所以，股票型基金是属于高风险高收益的基金产品，适合风险承受能力比较高的投资者来选择。

看到这里，估计不少朋友肯定会问我了：股票型基金的最低仓位要求这么高，岂不是很不灵活？

确实如此，所以目前各家基金公司已经比较少申请新的股票型基金，而是更愿意去申报混合型基金。

　　我们也可以从目前全市场不同类型基金产品的数量看出这个趋势，见表 2-5。

表2-5

基金类型	数量合计（只）	占比（%）
股票型基金	1,752	19.10
混合型基金	3,906	42.57
债券型基金	2,683	29.24
货币市场型基金	333	3.63
另类投资基金	55	0.60
QDII基金	194	2.11
FOF基金	240	2.62
REITs基金	11	0.12
其他	1	0.01
全部基金	9,175	100.00

数据来源：Wind 威尼斯摆渡人，截至2021-12-31

　　对了，要特别提醒大家一点，之前和大家介绍的指数基金，如果是跟踪股票指数的，那么也属于股票型基金的范畴；如果是跟踪债券指数的，那么就属于债券型基金的范畴。

　　那什么是混合型基金呢？

　　混合型基金就是投资于股票、债券以及货币市场工具的基金，而且基金资产中股票和债券的仓位既不满足债券型基金要求，也不满足股票型基金要求的基金产品。

　　根据股债的不同配置比例要求，混合型基金又分为偏股混合型基金、平衡混合型基金、偏债混合型基金和灵活配置混合型基金四类。股多债少的就是偏股型，股少债多的就是偏债型，股债差不多的就是平衡型，股债比例可以灵活变化的就是灵活配置型。

截至 2021 年 12 月 31 日，目前全市场 3906 只混合型基金中，不同类型的占比如表 2-6 所示。

表2-6

基金类型	数量合计（只）	占比（%）
混合型基金	3,906	42.57
偏股混合型基金	1,710	18.64
平衡混合型基金	21	0.23
偏债混合型基金	647	7.05
灵活配置型基金	1,528	16.65

数据来源：Wind 威尼斯摆渡人，截至2021-12-31

很明显，偏股混合型基金和灵活配置型基金占了绝大多数。

原因也很简单，股票型基金因为限制股票最低仓位比例太高，所以在投资管理上的灵活度确实是有所不足的，因此大家更愿意选择偏股混合型基金作为参与股市投资的基金产品，股票仓位可以在 60%～95% 之间进行调整，这更加灵活，适应不同市场的能力也更强。

而灵活配置型基金，由于股债的比例几乎没有限制，因此在投资管理上可以更加灵活。最理想的状态是在股市走熊的时候，满仓债券和货币市场工具，完美避开股市的下跌；而当股市走牛的时候，满仓股票，完全获得股市上涨的收益。

当然，这种设想是美好的，这需要基金经理有非常强的综合能力，才有可能做到。但至少灵活配置型基金的基本条款设置，是给了基金经理这样一个机会的，其他类型的基金产品都不具备这个先决条件。因此灵活配置型基金在市场上受欢迎的程度也很高，基金公司也发行了很多灵活配置型的基金供投资者选择。

混合型基金由于市场适用性强，投资者愿意选，基金公司也愿意推。但是要特别提醒大家：

基金经理的研究半径问题。

研究半径就是指基金经理能够覆盖和深入的研究领域。就好比我们去医院，你会发现分了很多科室，不同科室的专科医生都是本领域的专家，平时研究和见到的病例都是有一个范围限定的，比如外科、内科、耳鼻喉科等等。相对而言，全科医生就是什么病都能看的医生，但是由于精力有限，一般全科医生在每一个专科领域的水平是很难和对应的专科医生相媲美的，除非是极其优秀的个别人才。

同样的道理，股票市场和债券市场是两个完全不同的市场，在投资逻辑、研究框架方面都有着非常大的差别，所以能够做好一只股票型基金或者能够做好一只债券型基金，对于一个基金经理来说都已经是非常不容易的事情了。而现在混合型基金的持仓中既有股票也有债券，如果要做出好的投资收益，意味着基金经理必须既要对股票有非常深入的研究，也要对债券市场有较为全面的了解。所以，在投资混合型基金的时候，我们要更加审慎地去进行挑选。

关于挑选主动管理型基金的技巧，我会在后面把这些年在实践中总结出来的经验详细给大家做介绍。

讲了这么多之后，大家是不是会有一个问题：股票型基金、债券型基金和混合型基金的区别就在于股债投资比例的限制不同，那这个限制究竟在哪可以查到呢？如果我们想要了解一只基金到底属于什么类型，最准确的途径应该是什么？

这些都是通过基金合同的形式确定下来的。

目前国内的基金产品，基本上都属于契约型基金。和契约型基金对应的是公司型基金。

公司型基金是具有共同投资目标的投资者依据公司法组成，以盈利为目的、投资于特定对象（如有价证券、货币）的股份制投资公司。这种基金通过发行股份的方式筹集资金，是具有法人资格的经济实体。基金持有人既是基金投资者又是公司股东。公司型基金成立后，通常委托特定的基金管理人或者投资顾问运用基金资产进行投资。

契约型基金是基于一定的信托契约而成立的基金，一般由基金管理公司（委托人）、基金保管机构（受托人）和投资者（受益人）三方通过信托投资契约而建立。契约型基金的三方当事人之间存在这样一种关系：委托人依照契约运用信托财产进行投资，受托人依照契约负责保管信托财产，投资者依照契约享受投资收益。契约型基金筹集资金的方式一般是发行基金受益券或者基金单位，这是一种有价证券，表明投资人对基金资产的所有权，凭其所有权参与投资权益分配。

国内的基金既然都是契约型基金，意味着都是按照信托投资契约设立的，这个契约，就是前面说的基金合同。

所有的基金，一定都有基金合同。关于基金的全面信息，包括投资范围、股债比例、基金经理等等。所以基金合同是我们在投资一只基金之前，应该首先要去关注的重要文件。

那在哪里可以找到基金合同呢？

现在提供基金合同备查的渠道很多，但是有一个渠道是一定可以查询得到的，那就是对应基金公司的官方网站。

我们仍以博时医疗保健混合基金（050026）作为案例，来看看如何查找基金合同信息。

第一步，我们上网找到博时基金的官网，在最上方的导航栏找到"基金产品"，点击进去，见图2-5。

图2-5

第二步，在产品搜索栏输入基金代码 050026，见图 2-6。

图2-6

第三步，在基金产品的页面，点击"法律文件"，见图 2-7。

图2-7

第四步，我们在法律文件页面就能看到这只基金所有的相关法律文件，基金合同就在其中，见图 2-8。

图2-8

第五步，这里有三个合同，大家看到后面的时间是不同的。因为基金合同可能在基金存续过程中，通过基金持有人大会的召开，进行过更新，所以以最新的为准，我们点开最上面的那个，就出现了基金合同的下载页面，见图 2-9。

图2-9

　　第六步，下载，打开。博时医疗保健混合基金的基金合同就展现在我们眼前了，见图2-10。

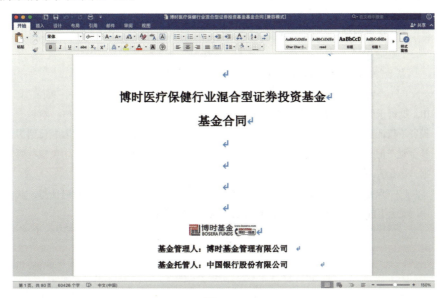

图2-10

　　其他基金公司的基金产品的合同通过同样的路径都可以获得。

　　那我们看看博时医疗保健混合基金合同是怎么规定这只基金的股债投资范围的。首先，在基金基本情况中，基金的全名就已经表明了它的基金类型：混合型证券投资基金，见图2-11。但是它到底是哪一种混合型基金呢？

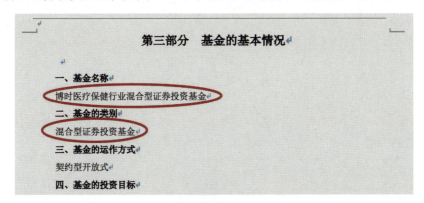

图2-11

我们接着往下看：在基金合同第十二部分的"基金的投资"章节中，有明文对这只基金的投资进行了规定，见图2-12。

四、投资限制

1. 组合限制

基金的投资组合应遵循以下限制：

（1）本基金投资组合中股票（含存托凭证）投资比例为基金资产的60%～95%，其中，投资于医疗保健行业上市公司股票的资产占股票资产的比例不低于90%；本基金投资于权证投资比例不得超过基金资产净值的3%；债券等固定收益类证券投资比例为基金资产的0%～40%，固定收益类证券主要包括国债、金融债、公司债、中央银行票据、企业债、短期融资券、中期票据、可转换债券、资产证券化产品等；

（2）保持不低于基金资产净值5%的现金或者到期日在一年以内的政府债券，其中，现金不包括结算备付金、存出保证金、应收申购款等；

图2-12

大家看到这个基金投资组合中股票投资的比例为基金资产的60%～95%，而债券等固定收益类的投资比例为基金资产的0%～40%。很明显，股票的占比是较大的，债券类的占比最多也没有超过一半。因此，博时医疗保健混合基金是典型的偏股混合型基金。

以上就是如何通过基金合同这个重要的文件来了解我们所要投资的基金究竟是属于哪种类型的基金的方法。

您搞清楚了吗？

基金投资：
投资品的"不可能三角"

从这一章开始，我们要正式聊聊如何投资基金，你做好准备了吗？

在本书的一开篇，我就给大家讲过了在投资之前的四个灵魂问题。大家经常会说，在这个世界中，能够问出最具有深度问题的，往往就是大门口的保安，为什么呢？

因为保安见到你之后一般会问三个问题：

第一个问题，你是谁？

第二个问题，你从哪里来？

第三个问题，你到哪里去？

我们在做投资之前，同样也要问自己这样几个拷问灵魂的问题，这几个问题问完之后有了答案，我们才能开始做后面的投资。

第一个问题，我有多少钱可以用来投资？

第二个问题，我的收益预期大概是多少？

第三个问题，这笔钱，我打算投资多长时间？

第四个问题，我能够承受亏损的最大额度是多少？

只有对这四个问题有了答案，我们才能够开始着手进行投资的准备。因为这四个问题决定了我们的投资方向跟投资品种的选择。

能够承受最大亏损的幅度到底是多少，决定了我们选择产品的风险属性；能够投资多长时间，决定了我们能够估算到的一个合理的收益率；打算赚到多少钱就走，这个问题决定了我们在投资中所选择的策略跟进入市场的策略；有多少钱可以用来投资，决定了我们能否去购买某些具有资金门槛的产品。

所以解答这四个问题是我们做投资的前提。

对于投资期限非常短的朋友，我给大家提供以下的建议：

如果投资在一周之内就结束，那么我给你的建议是直接买彩票可能比较好一点。

如果投资只能做一个月的话，我给的建议是直接存钱做存款或者买货币基金就可以了。

如果您的投资时间在半年左右，那我觉得可以择机考虑债券型产品的配置。

如果您的投资时间拉长到一年左右，我觉得可以考虑债券加上部分权益类产品，也就是债券和股票的结合。

如果您的投资期限拉到三年左右的时间，那我给您的建议是现在可以大胆进行权益类产品的配置，或者说分批进行权益类产品的配置 —— 也就是定投。

为什么我要把不同的投资期限跟不同的投资品种进行匹配呢？

因为在投资过程中所有的产品都具备三种性质。

第一种叫做安全性，第二种叫做收益性，第三种叫做流动性。

任何一种投资产品，都不可能同时在这三个方面表现优异。换句话说，我们找不到任何一种产品既安全性很高，又收益很好，还拥有极佳的流动性。这就是投资产品的"不可能三角"，见图 2-13。

图2-13

如果我们追求高流动性跟高安全性的投资产品，那么这类产品的收益肯定就不会太高。

如果我们追求高流动性和高收益性的投资产品，那么这类产品的风险肯定就很大，它的安全性肯定就不高。

如果我们选择高安全性和高收益性的投资产品，那么这一类产品的流动性肯定就不会太好，快速变现的能力肯定不是很强。

如果有人告诉你有同时具备这三种优势的产品，那么他十有八九就是骗子，要特别小心。

正是因为这个"不可能三角"的存在，所以我们在进行基金产品投资之前，必须了解自己对三种性质的需求到底是什么，这样才能有效地找到对应的基金产品。

开放式基金产品一般都具备良好的流动性，支持每一个交易日的赎回申请；货币型基金一般T+1日就可以赎回到账；债券型基金、混合型基金和股票型基金一般T+4也肯定能赎回到账，一些设定有封闭运作期的开放式基金除外。

因此，在三个投资属性中，基金已经具备了一个，所以我们就要在安全性和收益性两者中去做一个取舍。

货币型基金就是安全性排在第一的基金品种，加上流动性特别好，因此，货币型基金的平均投资收益水平也是所有基金品种中最低的。

债券型基金的风险水平比货币型基金稍高，因此能够获得的投资收益水平也高于货币型基金。但是由于其风险水平低于混合型基金和股票型基金，所以预期投资收益也低于混合型基金和股票型基金。

在债券型基金中，按照风险收益水平排序，结果会是这样：

纯债基金＜一级债基＜二级债基（可转债）

混合型基金由于有更多的股票权益投资仓位，因此风险收益水平高于货币型基金和债券型基金，但是低于股票型基金。我们也给混合型基金按照风险收益水平排个序，结果会是这样：

偏债混合基金＜灵活配置混合基金＜偏股混合基金

但是这个排序结果不如债券型基金那么准确，毕竟灵活配置混合基金可以变成债券基金，也可以变成股票基金，它的股债仓位太灵活了，几乎没有什么限制——其实如果从这个角度上来说，灵活配置混合基金的风险水平可能在某种程度上还大于股票型基金，因为它的不确定性更大。而在市场中，不确定性才是最大的风险。

好了，理论上风险收益水平最高的就是股票型基金。

所以我们现在可以把常见的公募基金按照风险从低到高排一个序：

货币型基金＜纯债基金＜一级债基＜二级债基（可转债）＜偏债混合基金＜灵活配置混合基金＜偏股混合基金＜股票型基金

你比较喜欢哪一种呢？

低风险偏好的投资者
选择货币型基金投资技巧

对于低风险偏好的投资者来说，货币型基金和纯债型基金是可以重点考虑配置的基金产品类型。而对于所有的投资者来说，在进行资产配置的时候，都需要考虑进行流动资金的管理，也需要进行低风险资产的配置，用来抵御资本市场，尤其是权益市场的系统性风险。所以货币型基金和纯债型基金几乎是所有投资者都会配置也都应该配置的基金产品。

每个人都有流动资金，因为我们的日常生活是需要不断支出的，每天的衣食住行都是需要流动性资金来支付的。一般来说，我们可以估算一下每个月的现金开销大概会有多少数额，然后在我们的资产中预备6个月的开销作为流动性储备。

在上一章节中，我和大家说到了投资品的"不可能三角"。其实不仅投资品，资产也一样。流动性极佳的资产，如果要安全性高，那么收益肯定就很低。所以为什么只需要预备6个月的日常开销资金作为流动性储备？就是因为如果把过多的资产都作为流动性储备资产，由于收益太低，会显著降低资金使用效率，降低整体投资理财的收益率，这是非常不划算的。

而这6个月的流动性储备，如果仅仅是放在活期存款里面，那么就和直接拿着现金没有太大的区别了，现在银行活期存款的基准利率为年化

0.35%，流动性是很好，但是资产收益几近于零，这种做法肯定是不推荐的。

所以，流动性管理的最佳工具就是货币型基金。关于货币型基金的特点和优势，前面专门用一节的篇幅讲过了，大家可以翻到前面去复习一下。

那投资货币型基金有什么技巧吗？要怎么进行投资呢？

其实说起货币型基金，这个基金品种已经存在很长时间了。但是基本上大众听说货币型基金这类产品，应该是从 2013 年才开始的。

因为货币型基金拥有着接近于活期存款的流动性，但是又有超过一年期定期存款利率水平的收益率，所以它天生就是银行存款的敌人。

在之前，货币型基金一直都可以在银行渠道进行代销，但是银行为了自己的存款额度，基本上从来不会给客户推荐进行货币型基金的配置。因为一旦大家都意识到了货币型基金相比银行存款的优点，还有多少人会愿意傻傻地存活期呢？而活期存款是银行最低成本的负债，在银行主要靠吃息差盈利的时代，大家都去存活期是银行喜闻乐见的。

大众真正接触到货币型基金，为什么是在 2013 年呢？因为 2013 年，余额宝诞生了。

余额宝本质上就是天弘基金的货币型基金，只不过它通过淘宝的平台和支付宝的平台，直接把货币型基金推送到了每一个终端客户的面前，绕过了银行渠道。由于淘宝和支付宝的客户是海量的，而且当年绝大多数客户都是被银行筛选过之后的"长尾客户"，再加上 2013 年出现了难得一见的"钱荒"，央行大幅收紧了市场上的流动性投放，造成短期资金价格飙升，货币型基金在当年的年化收益率一度达到 6% 以上，迅速俘虏了海量的投资者和资金。

从此之后，大家发现余额宝一飞冲天，规模暴涨，最高的时候达到了几万亿之巨。天弘基金也从此高居公募基金公司资产管理总规模的第一名，再也没有滑落过（当然，后来为了更加真实地反映基金公司的投研实力，监管机构要求在进行基金公司规模排名时，要剔除货币型基金和短期理财型基金，天弘基金的排名才离开第一位）。

在余额宝的示范效应下，市场上各种"宝宝类"产品应运而生，其实也都是各家公司的货币型基金，只不过向余额宝学习，都开始实行 T+0 的实时赎回到账。

而不少银行在这种情况下，被倒逼着给客户去做很多同样支持 T+0 的现金管理类产品 —— 所以说只有竞争才能促进市场的发展。

在大众开始习惯于把流动性资金都放到各种"宝宝类"产品和货币型基金之后，我国货币型基金的产品数量和份额规模从 2013 年起进入了高速增长期，2018 年三季度末的份额总规模达到历史最高值 89218.47 亿份（数据来自 Wind）。从图 2-14 中我们可以看到，自从 2003 年 12 月国内第一只货币型基金华安现金富利成立以来直到 2013 年，全市场的货币型基金的发展速度相比 2013 年后是极其缓慢的。

图2-14

货币型基金的风险很低，但并不代表没有风险。由于货币型基金所投资的是最长期限不能超过 397 天的债券和流动性工具，因此一般来讲，货币型基金的收益应该是跟一年期定期存款差不太多的，在很多时候货币型基金的收益率其实就是体现了市场上短期无风险收益率的水平。

对于一般的投资者来讲，投资货币型基金时一定要搞清楚这样几件事情。

第一，常见的货币型基金都是采用摊余成本法计价。

所谓"摊余成本法"是指，估值对象以买入成本列示，按照票面利率或商定利率并考虑其买入时的溢价与折价，在其剩余期限内平均摊销，每日计提收益——这个定义比较晦涩，其实就是不以这些投资票据的市价来计算净值，大家看看就好。

第二，摊余成本法的货币型基金的单位净值永远都是 1.00 元，每天的收益是以增加持有份额的形式进行分配的，这是和其他类型的基金不一样的。其他类型基金是持有人份额保持不变，每天的收益体现为基金单位净值的变化。

第三，货币型基金每天都会公布两个数据：每日万份收益和 7 天年化收益率。

每日万份收益意味着，如果基金持有人在这一天持有一万份这只货币型基金的份额，那么当天可以获得的现金收益是多少。所以每日万份收益，就是货币型基金持有人实实在在每天赚到的钱。

另外一个值叫做 7 天年化收益率。这是指从当天回算过去的 7 天，这只货币型基金的收益率如果换算成年收益率相当于是怎样的一个数字。所以 7 天年化收益率其实只代表这只货币型基金过去 7 天的收益率，并不代表着这只货币型基金以后都是维持这样一个收益率。如果过去的 7 天，有某一天的收益特别高，而另外 6 天收益都很低，其实也会大幅拉升 7 天年化收益率。因此大家在选货币型基金的时候，不用太多去关注 7 日年化收益率这样一个指标。

因为实际上所有公司的货币型基金所投资的范围都是类似的。因此不管哪家的货币型基金，收益率换算成年化收益率相差都不会太大。

第四，挑选货币型基金最重要的关注点是去选一个您认可的基金公司，选一个比较大的基金公司。相对而言大公司的货币型基金的稳定性更好一些。

因为货币型基金最大的风险在于流动性风险。什么叫做流动性风险呢？因为大家投资到货币型基金里的资金，基金公司会帮您投资到那些货币类工具里面去，包括一些非常短期的债券。但是如果市场一旦出现极端情况，比如说 2013 年的"钱荒"，由于央行严控市场流动性，市场上所有的人都缺流动性，缺钱进行各种支付、扎账，于是海量的机构和个人投资者都几乎在同一个时间段要求赎回货币型基金。一旦这个申请赎回的数量超过了货币型基金本身持有的现金头寸，那么各家基金公司的货币型基金就要在市场上面去抛售基金投资组合中持有的票据和债券资产。如果大家都在卖，市场全部都是卖盘，那么这些资产的价格肯定就会出现大幅下跌，最终在变现的过程中出现难以避免的损失。

这个道理就像我们卖房子一样，如果我们心态好，不急，那么可以慢慢卖，可以有足够的时间和买家慢慢磨价格；但是如果我们急着用钱，为了尽快变现，那么就只能接受买家的杀价。

因此在这种时候我们就发现货币型基金出现了流动性的风险 —— 爆仓。因为货币型基金持有的资产卖不出去，没有办法变成现金支付给提出了赎回申请的客户。如果要卖资产就只能折价卖，所以货币型基金就有可能出现亏损。

在这种时候，货币型基金规模大、整体管理资产体量大的基金公司往往都有丰富的管理经验，可以提前预知市场的情况而进行现金头寸的准备。而且因为这些基金公司日常管理的资产规模大，所以在市场上的交易对手相比小型基金公司会更多一点，变现的渠道相对也会更加顺畅一些，资产的变现也会更容易一些。

而规模小的货币型基金，由于转圜的余地更小，受到流动性的冲击就会更大一些。

所以买货币型基金选规模大的基金产品，选择大基金公司管理的产品，一般来讲都是正确的。

低风险投资：
货币型基金投资的知识点

在用货币型基金进行流动性管理的时候，有两个小的知识点，大家可以关注一下。

第一个要跟大家聊到的就是很多人会问货币基金因为风险低，所以基本上每日都是正收益，这样会有"复利效应"吗？而且货币基金有两种不同的收益结转方式，一种是"每日收益，按日结转"，另一种是"每日收益，按月结转"。这两种模式对我们的投资收益会有不同吗？

绝大部分货币型基金一般采用的都是摊余成本法，所以基金净值基本上都是保持在 1.00 元不动。每天，基金公司都会根据货币型基金持有人所持有的基金份额，将当天应该享有的收益计入持有人的账户中。

传统的货币型基金，每天只是给持有人记收益，并不会在每天做结转分配。而是要等到每个月固定的时候，才会把上一个月给你记账应该要分配的收益一次性结转成基金份额到持有人的账户里面（相当于红利再投资）。因此，**传统的货币型基金，往往采用的是"每日收益，按月结转"的收益分配模式。**

而 2013 年，随着余额宝横空出世，基本上所有的互联网货币型基金采用的都是每天给持有人计算收益，并且当天就会把当日收益所转化的份额直接分配到持有人的账户里。

所以，**很多新的货币型基金，尤其是互联网平台上销售的货币型基金，采用的往往是"每日收益，按日结转"的收益分配模式。**

货币基金的收益不管是按日结转还是按月结转，不会影响到最中的投资效果。因为不管哪种模式，其实大家持有货币基金份额每天所产生的收益都会在第二个交易日直接参与到基金收益的分配计算之中，也就是都会按日来进行复利计算的。

只是因为货币基金本身的投资收益率比较低，所以就算是有了复利，最终也看不到什么明显的复利效应。

所以大家在选择货币基金投资的时候，没必要花过多的时间和精力。

因为一方面货币基金投资收益率低，再加上作为流动性管理工具，大家一般持有的时间都不会太长，因此不同货币基金的实际持有收益率差距都不会太大。只要选择规模大一点、历史收益稳定一点的就好。

但是投资货币基金最需要去了解的是下面要说的第二点。

投资货币型基金的第二个小知识。

货币型基金一旦持有，在节假日，尤其像春节、国庆这样的长假期间，每天都是可以享有货币型基金投资收益的。虽然在过节期间休市，大家看不到每日结转的收益，但是在长假后的第一个交易日，大家就会看到当天的货币型基金每日万份收益变得很大，因为这一天的收益是整个长假期间收益的总和。

因此很多朋友都希望能够在长假前，把自己的一些不用的钱直接放到货币型基金里面去获取假期收益，这是一个非常好的想法，也非常值得提倡。

但是这里就要提醒大家了，由于**货币型基金申购确认时间是 T+1 日，也就意味着我们在今天（交易日）的下午 3 点收市之前去申购货币型基金，实际上明天（交易日）才能确认成功，我们的投资收益也要从明天才开始算起。**

所以如果我们是在长假中或者长假的前一天才申购货币型基金，就会发现因为确认份额的 T+1 日指的是交易日，如果在节假日的前一天做申购，因为第二天已经是假期了，所以这笔申购要等到长假之后的第一个交易日才能做确认，也就意味着整个节假日资金都是处于申购在途的状态，这样子是没有办法获取假期的货币型基金收益的。

因此，如果您打算让您的钱能够享受到货币型基金在节假日期间的全段收益，那么，申购货币型基金的动作就一定要在节假日开始的两天前进行。最晚的时间是节假日之前两天的下午 3 点钟收市之前，就一定要做完申购。只有这样子，您的申购才能在节假日前一天（也就是假期前的最后一个交易日）确认成功，然后开始享受节假日每一天的投资收益。

所以依此类推，举一反三。一般来讲，我也不建议大家在每个周五去进行货币型基金的申购。因为周五下午 3 点钟之前，您做了申购，第二天就是周六，开始休市，实际上这笔申购的资金要到下周的第一个交易日，也就是下周一才能够确认成功。您的资金在周六周日两天就浪费掉了，这笔资金既没有在银行获取存款利息，同时也没有办法获得货币型基金的收益，这个钱一直在"途中"，实际上损失了资金的时间价值。

所以大家要记住了：如果您想要在节假日让您的钱不休息，请务必最晚在节假日的前两天下午 3 点钟之前，就一定要提交申购，千万不要等到节假日的前一天再做这个动作。这个时候就已经没有意义了。

低风险投资：纯债（信用债、利率债、纯债基金、短债基金）

如果说货币基金是流动性管理的最佳工具，那么纯债类基金就是低风险投资的必选产品类型了。一般我们称之为"固定收益类产品"。

固定收益类资产以债券为代表，在我们平时的资产配置中一直都是占绝对大头的一类资产。

纯债类基金是完全不投资于股票等权益类资产的基金，它只能够投资债券和部分流动性工具——毕竟，债券基金也必须要准备适量的流动性资金在手中，以备持有人的赎回申请。

纯债类基金为什么会被定义为低风险的投资选择呢？

我们首先得了解什么叫做债券。其实债券的本质就是一张借条。如果有朋友来找我们借钱，而这笔钱数量还比较大的话，我们一般会要求他写一张借条留下来，作为借钱的凭证。

借条应该包含以下几个信息：第一，借了多少钱，也就是借款的金额要写在上面；第二，这笔钱借多久就会还回来，所以借款的期限也要写在借条上面；第三，如果我们要收利息的话，利率怎么算，利息怎么给，这些东西也要写在借条上面。

债券就是一张标准化的借条。所有的债券都会有借款期限、面值、还本付息的方式以及约定利率这样几个必要的信息要素。

所以，投资债券，本质上就是去买了一张借条，正常情况下，等到债券到期，我们都是可以按照债券的约定，获取本金和利息回报的，因此债券投资的收益具有比较大的确定性。这也是为什么我们把债券定义为固定收益类资产的原因。

但是债券投资并不是没有风险的。

问大家一个问题，如果您的朋友找您借钱，您觉得他借完钱走了之后，最大的风险会是什么？就是您的朋友可能不打算还钱了，他决定赖账，借钱容易还钱难，这样子您借出去的钱就全部打了水漂。其实对于投资债券而言，是同样的道理，最大的风险就是违约风险——也就是债券的发行方没有办法还本付息，对于债券投资者来讲这样的损失等于全额损失。

所以我们在进行债券投资的时候，首先会有评级机构对于不同的债券进行相关的信用评级。这个信用评级其实就是用来评价衡量债券发行方的信用的。不同的发债主体因为本身的信用不同，所以它所发行的债券的违约风险肯定也是不一样的。

发行债券借钱的主体（往往都是企业）如果违约风险过大，大家就都不愿意把钱借给它，不愿意买它的债券，这个时候这些企业所发行的债券票面利率就会更高一些，相当于企业愿意用更高的成本去找大家借钱。而如果是违约风险比较低、信用等级比较高的发债主体，大家觉得它所发行的债券所借的钱是一定会按时还的，安全系数比较高，那么它所发行的债券票面利率低一些，大家也是愿意接受的。

其实，这就是"风险定价"的概念。我们选择承担更大的风险，就有机会获得更高的回报，我们选择了安全，那么可以获得的回报也肯定会随之降低。大家是否发现：风险和收益成正比是投资中的铁律，在债券的投资中再一次被完美地验证了。

那有没有什么债券是不用考虑违约风险的呢？也就意味着，这个市场上有没有人找大家借钱时，大家根本不会认为他会赖账不还呢？

我告诉大家答案，真的是有的，这种债券叫做利率债。

债券也有几种分类，一般来说我们会把债券分为三大种类。

第一种叫做利率债；

第二种叫做信用债；

第三种叫做可转债。

其实说到利率债和信用债的差别，我们可以用一个简单的例子来打个比方，大家就很容易理解了。

如果有一些朋友信用特别好，基本上您根本就不用考虑他会有不还钱的风险。我们就无需针对他们的信用去做多余的溢价（也就是根据信用等级上浮利率），而是仅仅考虑借款的时长跟借款的利率就可以了。

所以在现实中，如果发债的主体信用极其好，根本就不存在违约的风险，那么这种债券，我们叫它利率债。因为投资这种债券只要考虑利率风险就好了。

利率债包含这样几大类：

首先就是国债，因为国债是中央政府以国家信用为担保发行的债券，投资者基本上不用去担心哪一天国家会赖账、不打算兑付国债的风险，所以国债是典型的利率债。

除了国债之外，利率债还包括了地方政府债、政策性银行债以及央行票据。

政策性银行债指的就是三大政策性银行所发行的债券。

这三大政策性银行包括了国家开发银行（国开行）、中国农业发展银行（农发行）以及中国进出口银行，这三家银行为筹措贷款资金而发行的债券都属于利率债。

而央行票据指的是中央银行票据，是央行为调节商业银行超额准备金而向商业银行发行的短期债务凭证，其实质是中央银行债券。之所以叫

"央行票据"，是为了突出其短期性特点（从已发行的央行票据来看，期限最短的 3 个月，最长的也只有 3 年）。我相信大家都不会认为央行有可能赖账吧！

以上的四类都属于利率债。投资这些债券，不用考虑信用的风险，只要考虑利率风险就好。

一旦发行主体存在违约风险，信用有高有低，还钱的可能性也有高有低，那么这样的主体所发行的债券，一般叫做信用债。信用债就不仅要考虑利率风险，还要考虑信用风险。

与利率债相比，信用债的整体风险水平会更高一些，因为它包含了发债主体的信用违约风险。

一般信用债会根据发债主体的信用违约风险的大小，由市场的评级机构给出高低不同的信用评级，而根据不同的信用评级，信用债发行的价格（利率）也会有相应的差别。评级越低，利率越高，风险越高，收益也有可能越大。

关于信用债，我们要了解以下的常识，这对于我们挑选纯债基金是有用的。

一般信用债包含了公司债跟企业债两大类，当然还有一些其他的非利率债品种，因为本书不是专门的教科书，所以就不赘述了。

所谓的公司债其实就是上市公司所发行的用来筹措资金的债券。

而企业债一般都是指具有法人资格的企业所发行的债券，一般主体都为国有企业，而且基本上大多都为非上市公司。因为企业债多为国企发行，所以相对而言它的信用还是比较高的。

在企业债中，还有一类是城投债。城投债，又称"准市政债"，是地方投融资平台作为发行主体，公开发行企业债和中期票据，其主业多为地方基础设施建设或公益性项目。从承销商到投资者，参与债券发行环节的人，都将其视为是当地政府发债。所以债券市场中一度有"城投信仰"——大家觉得城投债是地方政府发的债，所以有地方政府的信用担保，安全性是很高的。但是过去十年，市场上的城投债已经爆发过几次危机了。

前面说过了，为了让投资者能够比较简单直观地了解不同信用债的风险，所以就有了对信用债的信用等级评价。

信用等级的设置是指在严密分析的基础上，通过一定符号，向评级结果使用者提供反映评级对象信用可靠程度的通俗易懂的信用品质信息。

债券信用等级通常分为九个级别，不同评级机构的定义和划分会稍有不同，但是差异不会太大。

在市场上评级最高的信用等级是 AAA 级，再往下一级是 AA 级，然后是 A 级。接着下一档到了 BBB、BB、B，再往下是 CCC、CC、C 级，有些评级机构还有 D 级评级 —— 基本上 D 级的债券就是违约债券了。

一般我们会把 A 级以上的债券叫做金边债券，因为相对而言它的安全性是最好的，但是安全性越高预期收益也会越低。A 级以上债券违约风险小，相对而言它的票面利率也一定是最低的。

而信用差的债券，评级会是 C 级或者是 D 级，如果大家以后看到有 C 级或者 D 级的债券，这些已经是名副其实的垃圾债，违约风险巨大。但是正因为它的风险大，所以这些债券的可能受益也会很高。

因此债券的信用等级评级跟收益的关系，基本上就符合我们前面所讲的风险跟收益成正比这样一个最浅显的投资道理。

● 纯债投资技巧 从基金合同中解读

在我国进行纯债基金投资的时候，因为本来就是为了更低的风险才去选择纯债类基金，所以大家一定要在投资前仔细看基金合同。

在基金合同中，我们可以看到债券型基金的投资范围。

我们拿某一只债券型基金的基金合同中关于投资范围的文字来举例

说明：

　　本基金的投资范围为具有良好流动性的金融工具，包括国内依法发行上市的债券（国家债券、金融债券、公开发行的次级债券、中央银行票据、企业债券、公司债券、地方政府债、央行票据、中期票据、短期融资券、超短期融资券、可分离交易债券的纯债部分）、资产支持证券、债券回购、银行定期存款、同业存单、国债期货等金融工具以及法律法规或中国证监会允许基金投资的其他金融工具（但须符合中国证监会的相关规定）。

　　本基金不直接从二级市场买入股票等证券，不参与一级市场的新股申购、增发新股、可转换债券、可交换债券以及可分离交易债券，也不投资二级市场的可转换债券、可交换债券。

　　本基金投资于债券资产比例不低于基金资产的80%，其中投资于信用债的比例不低于非现金基金资产的80%；本基金每个交易日日终在扣除国债期货合约需缴纳的交易保证金后，现金或者到期日在一年以内的政府债券不低于基金资产净值的5%，其中，现金不包括结算备付金、存出保证金、应收申购款等。

　　在基金合同的这一段文字中，我们可以解读出这几个信息：

　　1. 这只债券型基金不是二级债基，因为基金合同条款规定了不能买入股票，也不能参与新股的申购。同时，它也不能投资可转债。所以这是一只典型的纯债基金。

　　2. 这只债券型基金可以投资利率债，也可以投资信用债，但投资信用债的比例不低于非现金资产的80%，意味着这是一只以投资信用债为主的纯债基金。

　　我们接着往下看，发现基金合同中关于"投资限制"条款中，有这样的描述：

　　本基金应投资于信用级别评级为BBB以上（含BBB）的资产支持证券。基金持有资产支持证券期间，如果其信用等级下降、不再符合投资标准，应在评级报告发布之日起 3 个月内予以全部卖出。

这说明这只纯债基金能够投资的最低信用等级债券为 BBB 级，这个等级的债券风险还不算很大，但已经处于临界点了。

看完基金合同，我们对于这只纯债基金的整体投资风险大概就心里有数了——主投信用债的，可投最低等级为 BBB 级债券的纯债基金。这只基金产品的风险在债券型基金中属于中等偏下，可以作为固定收益资产进行配置。接下来只要去看看基金经理是否值得选择就可以了，产品本身的风险收益特征已经比较清晰了。

我们再拿另一只债券型基金的合同内容来给大家加强一下：

本基金投资于债券资产比例不低于基金资产的 80%；投资于短期融资券和超级短期融资券的比例不低于基金资产的 60%。本基金持有现金或者到期日在一年以内的政府债券不低于基金资产净值的 5%，其中，现金不包括结算备付金、存出保证金、应收申购款等。

本基金不直接从二级市场买入股票、权证等权益类证券，不参与一级市场的新股申购、增发新股、可转换债券以及可分离交易可转债（纯债部分除外），也不投资二级市场的可转换债券。

我们可以看到，这也是一只纯债基金，不可以投股票等权益类资产，也不能投可转债。它和上面一只纯债基金的区别在于，它规定投资于短期融资券和超级短期融资券的比例不低于基金资产的 60%——还记得投资品的"不可能三角"吗？这只纯债基金和前一只纯债基金比，很明显投资的大部分资产都是流动性更好的券种，因此它的风险比前一只更低，当然收益高的可能性也比前一只要低。

对了，这只纯债基金就是一只典型的"短债基金"。短债基金是纯债基金中的一个细分类，它主要投资的资产都是偏向于流动性更好的短期融资券，因此投资组合的风险比一般的纯债基金更低。

短债基金的风险收益高于货币基金，但是低于一般纯债基金，因此在我们平时的资产配置中，可以作为"货币+"来进行配置。像我自己在货币型基金中可能只会放一到两个月的流动性储备，半年之内可能用到的流动性，就会放在短债基金里。虽然短债基金流动性比货币型基金稍差，但是收益水平也更高。

纯债债券基金投资的时机选择

债券基金，尤其是纯债基金，是我们资产配置中不可或缺的低风险资产。其实大家过去这些年一直很喜欢投资的银行理财产品，基本上也都是投资债券市场的。而且随着 2018 年 4 月《资管新规》发布之后，未来银行理财产品都会走上净值化转型的道路，也就是会变得和债券基金非常类似了。

纯债基金的风险不高，但是仍然是有风险的，它的风险就是债券市场的风险。

在上一章节中，已经给大家介绍了债券投资最重要的风险 ——信用违约风险，这个风险可以通过挑选那些投资高等级信用债的纯债基金来实现规避。

但债券投资除了信用风险以外，还有一个大的风险，那就是利率风险。

什么叫做利率风险呢？

我先说结论：大家记住了，一定不要在市场加息周期里去进行债券基金的投资。反过来说，如果是在降息周期里，那么债券基金一般都会有非常好的投资收益。也就是市场利率上升，债券市场表现就会不好，而市场利率下降，债券市场往往表现就会不错。

接下来用通俗的方式跟大家解释一下，为什么会有这样的结论。

债券除了持有到期可以拿到债券票面约定收益之外，在没有到期之前，其实可以在二级市场进行买卖交易来获取价差收益，也就是资本利得。因此所有的债券在二级市场上都有一个交易的价格，而债券基金每天的单位净值，就是根据基金投资组合中所持有的各种债券在二级市场上每天收盘的市价计算出来的。

那债券的市场价格会随着什么来发生变动呢？

我们用一个现实中的例子来说明这个逻辑。

假设我开了一家公司，现在想找身边的朋友借一笔钱，期限为五年，所以我决定发一个五年期的债券。

我发这个债券肯定要定一个利率才行，得有合适的利息，大家才会愿意把钱借给我，那这个利率设到多少，大家才愿意借钱给我呢？

假设现在五年期国债的收益率为 3.20%，那是不是意味着如果我要发一个五年期的债券找大家借钱，借钱的利率一定要超过同期的国债收益率 3.20%，大家才愿意把钱借给我呢？否则大家不如直接把钱放在无风险的国债里面就好了。而且如果我的信用不够好，还不上钱的可能性比较大的话，我还要把这个利率定得更高一些，才有可能借到钱。这个概念就是之前讲过的"风险定价"。

那我们假设五年期国债的年化收益率为 3.20%，而我现在发行这个五年期的债券票面年利率定为 6.20%，找大家借钱，看在能够每年比国债多赚 3% 收益的份上，大家买了我的债券，我成功借到了钱，五年后我还本付息。

假设过了一年之后国债收益率从 3.20% 上升到了 5.20%。

好了，大家想想看，本来我发行的债券相比国债每年有 3% 的利差收益，忽然之间因为国债收益率的上行，导致这个利差变为了 1%，这是不是意味着这个没有到期的债券的投资价值已经下降了？

如果这个时候持有人想把这个债券在二级市场上卖出去，肯定是卖不出一个好价格的。

而且在国债收益率上涨到 5.20% 的时候，市场上新发债券的票面利率一定会比一年前我发债券的 6.20% 更高，就算保持 3% 的利差不变，新发债券的利率至少也在 8.2% 了。

所以在这种时候，前面所发行的那些利率比较低的存量债券就无人问津，大家都不愿意买了，所有的人都情愿去买新的更高利率的债券。于是存量债券的市场交易价格肯定就会下跌 —— 因此市场利率往上行的过程中，债券市场一般都是往下走的。

这就是为什么我们说如果在加息周期投资债券基金，一定不是一个明智的选择，因为加息周期的本质就是市场流动性收紧，利率上升。

那反过来说，假设我是在国债收益率为 5.20% 的时候，发行了一个新的债券，而这个债券的票面利率可能定为了 9.20%。结果当大家买了这个债券还没有到期的时候，国债的收益率居然从 5.20% 直接下降到 2.20%。大家发现买我发行的债券原本只有 4% 的利差收益，瞬间就被拉大到了 7% 的利差。而这个时候市场新发债券的利率肯定会随国债收益率下调。存量的债券票面利率会大大高于新发的债券。

所以在这种时候，我们会发现存量债券市场价格就会往上走 —— 因为大家更愿意花钱去买具有更高利差收益的这些债券。所以当市场处于利率往下走的过程中，债券市场一般都是往上走的。因此如果是处在降息周期，市场的流动性变得更加宽松，未来利率会下降，这个时候去投资债券型基金就是一个比较好的选择。

所以，在债券市场有这样一个规律：如果市场利率上行，债券市场就会下行，而当市场利率下行，债券市场就会上行。两者基本上是呈反向走势。所以市场流动性收紧的加息周期最好不要去投资债券型基金，而在降息周期中，一般都是配置债券基金的好时机。

需要特别提醒大家的是，市场利率不是看银行的存款利率。告诉大家一个观察市场利率很简单的方法，那就是看全市场货币型基金的收益率。如果货币基金的收益率在某一段时间一路下降，那么这个时候一般意味着市场短端利率也在下降，这个时候债券基金的表现都会不错。

如果货币型基金在某一段时间收益率在不断上涨，那么这个时候一般来讲债券基金的表现都很一般。

当然，标准的市场短端利率是看 DR007（银行间存款类机构 7 日质押回购利率），而市场长端利率，大家关注的是十年期国债的收益率。

我们了解了利率和债市的逻辑关系，就可以根据市场利率走势去判断债券市场的利率风险，从而避免在错误的时间做出错误的纯债基金买卖决策。

Chapter 2

"固收+"，中低风险偏好的选择

二级债基和可转债基金因为有权益类仓位和可转债仓位，所以相对于股票市场的波动相关性更大一些，也就是股票市场的风险对这两类债券型基金的影响更大。

因为债券市场的波动相比股票市场的波动是非常小的，债券的风险相比股票的风险已经微乎其微了。所以如果大家投资了二级债基，就会发现二级债产品的风险大小更多的是取决于基金经理投资组合中的股票仓位，而不是债券仓位。

另外一类可转债基金，主要投资的是可转债。

可转债其实就是指带有转股期权的一类债券。

通俗点解释一下：有一家上市公司现在发行了一个债券，面值是100元钱，承诺六年之后连本带息归还130元。但是这家公司在债券合同里面附加了一个条款：投资人持有债券6个月之后可以约定的价格直接把这个债券转换成同一家上市公司的股票。这个债券就是可转债。

那大家可以想一想，如果我们自己买了这个可转债，在什么样的情况之下会愿意把手中的债券转换成这家公司的股票呢？

一定是这家公司的股价在一路上涨，超过了债券约定的转股价格，我们一旦把债券换成股票，获得的收益可以远远超过持有这个债券到期收回的本利和。

只有这种情况发生的时候，您才会愿意去行使可转债的转股权。本质上这就是一个转股票的期权。

如果这家公司的股价后来一路下跌，这个时候我相信所有持有了这个可转债的投资者都不会去行使转股权，而是愿意持有这个债券到期来获得本息收入。

所以可转债就是一个带了转股期权的债券。因为可转债带了一个转股的期权，所以正常来讲可转债的票面利率都会低于一般的信用债 —— 相当于用一部分的债券收益去购买了一个转股票的期权。

大家可以想一想可转债在什么情况下会上涨呢？在什么情况下大家会抢着去二级市场买这家公司的可转债呢？

一定是这家公司的股票价格有非常良好的上涨预期，这个时候它所发行的可转债价格就会水涨船高。

而如果发行可转债的公司的业绩非常差，或者说整个股市进入了熊市周期，导致这家公司的股票价格一路下跌，那么这个时候它的可转债的价格也一定会随着股票价格一起下跌。

因为在这个时候可转债的转股期权肯定是没有人愿意去行使的，而可转债的债券收益又不如普通的信用债，于是这个可转债就会变得供过于求，价格就会下跌。

因此，可转债到底是涨还是跌，主要取决于这家公司的股票价格，也间接取决于整个股市到底是处于上升周期还是下跌周期。

对于风险大的债基：二级债基和可转债基金（含可以投资可转债的纯债基金），它们的风险其实主要都来源于股票市场。当股市行情走好的时候，这两类债券型基金一般表现都不错，而当股市行情变差的时候，这两类债券基金都会受到负面的影响而业绩承压。

所以，如果我们真的只是打算用债券基金来作为低风险的资产配置，那么就应该选择纯债基金 —— 而且还是不能投资于可转债的纯债基金，关于这个限制，可以通过查看基金产品的基金合同来确认。

如果打算获取超越普通纯债基金的收益，而投资风险又不想要太高，那么二级债基就是可选择的基金产品。这种债券基金，再加上偏债混合型基金，就是我们平时所说的"固收 +"产品。

"固收 +"，顾名思义，就是固收增强产品，也就是风险收益比普通固定收益类产品更高一些的固定收益产品 —— 这个说法是不是觉得有点绕?是的，"固收 +"仍然是固收产品，并不属于高风险高收益的产品，它是适合中低风险偏好投资者的一个产品类型集合。

"固收 +"基金之所以能够风险不高，是因为这些产品绝大部分的资产都是用来投资债券市场的，所以才能有效降低整个投资组合的风险水平。

"固收 +"价值，可以通过一张表来看清楚，见表 2-7。

表2-7

年份	中证全债	沪深 300	债券 80%+ 股票 20% 组合
2006年	2.81%	121.02%	26.45%
2007年	−2.41%	161.55%	30.38%
2008年	15.94%	−65.95%	−0.44%
2009年	−1.40%	96.71%	18.22%
2010年	3.10%	−12.51%	−0.02%
2011年	5.88%	−25.01%	−0.30%
2012年	3.52%	7.55%	4.33%
2013年	−1.07%	−7.65%	−2.39%
2014年	10.82%	51.66%	18.99%
2015年	8.74%	5.58%	8.11%
2016年	2.00%	−11.28%	−0.66%
2017年	−0.34%	21.78%	4.08%
2018年	8.85%	−25.31%	2.02%
2019年	4.96%	36.07%	11.18%
2020年	3.05%	27.21%	7.88%
2021年	5.65%	−5.20%	3.48%
复合收益率	95.38%	434.99%	231.78%

数据来源：Wind 威尼斯摆渡人

在表 2-7 中，我列出了 2006 年到 2021 年底中证全债和沪深 300 的年度收益率，分别代表着债券投资和股票投资的收益率。历经 16 年的投资，我们可以在债券市场获得 95.38% 的收益率，在股票市场获得 434.99% 的收益率。

这组数据也再次说明了本书前面章节和大家讲到的观点：虽然高风险的投资品种在短期来看，会给我们的投资带来非常大的不确定性，但是高风险的投资随着投资时间的拉长，是有可能带来更高收益的。

看到这个数据，大家是不是会觉得，如果时光可以重来，在 2006 年，我们应该把钱直接全部买入以沪深 300 为代表的股票资产才对呢？其实不是这样的。还记得"灵魂四问"吗？如果我们没有去投资适合我们风险承受能力的品种，其实我们是没有可能坚持下来的。

看看沪深 300 在过去 16 年的每年涨跌情况吧，2008 年，沪深 300 全年下跌 65.95%，如果我们在当年全额投资股票资产，那么到了年末资产将缩水 2/3——大家问问自己，如果在 2008 年，你会做什么样的决定？手中的股票类持仓还拿得住吗？

而且除了 2008 年的大跌之外，我们还可以看到在 2010 年 -12.51%、2011 年 -25.01%、2016 年 -11.28% 和 2018 年 -25.31%，四个年份的下跌都超过了 10%。很明显，纯粹的股票投资，一定是不适合中低风险偏好投资者的——就算长期投资 A 股确实能够获得很好的收益，但是因为股票市场的波动太大，过大的阶段性下跌会严重影响投资者的心态，进而造成在不正确的时间点割肉止损、投资中断，形成永久性的投资损失。

而过去的 16 年，纯债基金的投资虽然只有 95.38% 的收益率，但是最大的单年度跌幅也仅为 2007 年的 2.41%，这么小的回撤幅度，对于低风险承受能力的投资者而言，就处于可以承受的范围了——只有这样，这个投资才有可能长期持续下去，最后获得回报。

再看最后一列，我们在过去 16 年每一年的年初，把我们手中的资产，按照 80% 买债券，20% 买股票的固定比例进行分配投资。16 年过后，我们的收益率可以达到 231.78%。

我们再来看看这个投资方式过去 16 年的最大单年度跌幅吧：2013 年 −2.39%！这个最大的跌幅，居然比纯债券投资的都小！

这个 80% 投资债券、20% 投资股票的方式，居然以低于纯债资产最大年度跌幅的回撤，获取了远超过纯债基金投资的收益率 —— 这已经算是大家最理想的投资方式之一了：风险尽量要小，收益尽量要高。

之所以能达成这样的效果，其实是因为股债的搭配投资，已经从原理上符合资产配置的要求：不同风险属性的大类资产配置，可以有效降低投资波动风险，提升收益率。因为每一类资产都存在着均值回归效应，在某一个时段涨得过高过快，在下一个时段它下跌的概率就会变得更大。而某一类资产在一个时段内跌得过快，在下一个时段它上涨的概率也会变得更大。

更多的债券资产配置，可以有效对冲股票资产的波动风险，而对于股债投资比例的坚持，是可以在股债资产收益不断转换的市场中持续获得稳定收益的前提。

二级债基、偏债混合基金从产品的设计上，就是以债券类资产作为主要投资品种，再加上少部分的股票权益类资产进行组合投资的。所以，这些产品 —— 也就是"固收 +"产品，是适合中低风险偏好投资者的理想投资品种。它不适合极度厌恶风险的投资者 —— 对于这些人来说，需要的是"保本"。"固收 +"产品在某一些时间段是可能出现账面上的投资损失的，也就是我们平时说的"浮亏"。但是这种浮亏的幅度一般都不会很大，当随着投资时间的拉长，"固收 +"产品是可以为投资者贡献长期稳定回报的。

图2-15

　　图 2-15 是三种不同投资的收益曲线对比，我们从曲线的波动情况可以看出不同投资选择需要承受的风险，而从曲线最后时间点所处的高度，可以看到三种投资经过 16 年可能获得收益的高低水平。

　　"固收 +"产品因为股债配比的限制不同，风险也有高有底。债券投资占比更大的"固收 +"相对风险会小于股票投资占比更高的"固收 +"产品。

　　大家在进行"固收 +"产品选择的时候，还是要根据自己对于产品业绩最大回撤的容忍度出发，选择让自己更加安心、能够长久坚持下去的产品，而不能只盯着产品历史业绩的高低进行选择。

　　我们可以关注"固收+"基金的卡玛比率，$Calmar\ Ratio = \dfrac{区间年化收益率}{区间最大回撤}$，卡玛比率越高，基金每承担一单位回撤获得的回报就越高，"性价比"也就越高。

三、手把手教你
如何买基金

Chapter 3

投资方法论：资产配置

说到投资，一定离不开资产配置。

很多朋友都觉得资产配置是一个非常高大上的问题，基本上我每次跟身边的人谈起"资产配置"这个词组的时候，很多人就会调侃说自己没有资产，所以根本谈不上配置，甚至还有很多人说，资产配置是至少月入十万元的人才需要去考虑的事情。

另外，很多人说到要去做理财、要去做资产配置，首先想到的就是应该去开一个股票账户，直接去试试在股市中博取收益，看看自己有没有这种运气，能够在很短的时间之内发家致富。抱有这种想法进入市场的朋友们，到最后很有可能会是伤痕累累。

以上这些其实是我们对于资产配置在基本认知方面的偏差。

资产配置一定是跟一个词语息息相关的，那就是理财规划。

第一个关于资产配置的认知误区就是，说到理财规划，很多人就会理解为资产配置。而往往说到理财、资产配置的时候，很多人又会和投资画等号。

实际上投资不等于理财，投资也不等于资产配置。

投资是理财的一个部分，而资产配置是理财规划的实施路径，要去理解

这几者之间的基本关系。

第二个认知误区，也就是刚才我在最前面所说的：是不是要有了一定的资产才去考虑进行资产配置呢？

相信大家都听过一句非常有名的古训："不积跬步，无以至千里；不积小流，无以成江海。"其实每个人的资产都是从零慢慢开始积累 —— 当然，除非你是含着金汤匙出生的富二代，那咱们另当别论。

作为普通人，我们的资产都是由零开始的，如何在我们的收入还不算太高的时候，合理地根据我们人生的目标来规划未来每一步的支出跟收入，并且在我们资产并不算太多的时候合理地安排不同投资渠道、产品的资金分布，实际上是让我们尽快拥有更多资产积累的必要过程。

如果我们没有打算做理财，没有打算去进行资产规划的这种想法，那么你会发现，这么多年你依然搞不清楚自己每个月、每年的支出跟收入到底是一种怎样的关联。

理财并不是只有有钱人才会去做的事情，理财是让你变成有钱人而必须要做的事情，资产配置对于我们每个人都是非常重要而且必须去做的事情。

第三个关于资产配置的认知误区是，当别人谈起资产配置，或者是当朋友推荐你去做理财和投资的时候，大家经常会问一句话：我想在几年之内赚到我人生的第一个一百万元，你告诉我该怎么投资、怎么配置？只要能够做得到，我就听你的话来尝试。如果做不到，那就算了，还不如我自己随便来。

专业的理财规划和资产配置是有固定的流程跟步骤的，而不是一拍脑袋给自己确定一个脱离了实际，或者说压根儿就没有从实际出发去进行考量的目标，来作为我们进行理财规划、资产配置开始与否的前提。这样子开始的相关规划到最后一定会出现问题 —— 要么你会发现这个目标太容易实现了，要么你会发现这个目标根本就没有实现的可能性。

我在网上的很多音频课程中，反复和大家强调过一个重要的投资理财理念，那就是：只有简单的事情才能更好地坚持下去。

资产配置和理财规划是一件需要有纪律性、可行性，而且有明确执行步骤，才有可能让我们长久坚持下去的事情。资产配置需要我们长久地坚持才能看到最后的效果，看到你所期待的每一个投资理财目标随着你的规划，慢慢在你人生的每一个阶段如期实现。

所以，理财规划和资产配置到底是做什么用的？

其实就是保证在人生的整个过程中每一个需要用钱的时刻，我们的账面上都有足够多的钱，可以为实现我们人生各阶段的目标提供资金供给。资产配置和理财规划到最后可以让我们这一辈子都无须为钱而担心。

所以我们需要的是做好规划。规划好我们的资产配置、规划好我们的理财计划，其实也就是规划好我们的人生。因为在做资产配置、理财规划的过程中，我们最基础的考量都是基于对我们人生目标的规划。

看完上面这些，大家是不是会有点懵——这些和基金投资有关系吗？当然有啊，因为基金是我们资产配置中使用的投资工具。在投资基金的过程中该如何有效降低风险，提升获取收益的可能性，这些都是属于资产配置的范畴了。

在前面那么多章节给大家介绍了关于基金的基础知识之后，我们接下来要和大家讲讲投资基金的正确方法。

前面我们在讲到"固收＋"基金的时候，给大家展示过从 2006 年开始股债组合的收益状况，提到了资产配置的价值。在这里，我们再加上一系列配置组合，大家能够对资产配置的价值有更加深刻与直观的理解。

表3-1

年份	中证全债	沪深300	50%∶50%组合	80%∶20%组合
2006年	2.81%	121.02%	61.92%	26.45%
2007年	−2.41%	161.55%	79.57%	30.38%
2008年	15.94%	−65.95%	−25.01%	−0.44%
2009年	−1.40%	96.71%	47.66%	18.22%
2010年	3.10%	−12.51%	−4.71%	−0.02%
2011年	5.88%	−25.01%	−9.57%	−0.30%
2012年	3.52%	7.55%	5.54%	4.33%
2013年	−1.07%	−7.65%	−4.36%	−2.39%
2014年	10.82%	51.66%	31.24%	18.99%
2015年	8.74%	5.58%	7.16%	8.11%
2016年	2.00%	−11.28%	−4.64%	−0.66%
2017年	−0.34%	21.78%	10.72%	4.08%
2018年	8.85%	−25.31%	−8.23%	2.02%
2019年	4.96%	36.07%	20.52%	11.18%
2020年	3.05%	27.21%	15.13%	7.88%
2021年	5.65%	−5.20%	0.23%	3.48%
复合收益率	95.38%	434.99%	430.69%	231.78%

数据来源：Wind 威尼斯摆渡人

在表3-1中，我多加了一列：股债平衡组合，也就是资产一半投资于债券市场，另外一半投资于股票市场。大家可以看到最终16年下来的配置总收益率达到了430.69%，与单独投资股票的收益几乎持平，但最大年度回撤仅为25.01%，远远低于沪深300 65.95%的年度最大回撤，大大降低了波动风险。

所以，我们可以从历史数据中发现，简单地进行股债资产配置，就可以通过不同资产比例的调整，达成更高收益和更低波动的投资效果。

所以，我们也可以通过资产配置的方法，来好好搭配我们的基金，达成更好的投资效果。

资产配置的方法

　　资产配置如果要简单粗暴地理解，就是组合投资。但并不是所有的组合投资都叫做资产配置。

　　相信不少朋友都有听我讲过一个例子：在前几年 P2P 特别盛行的时候，有一个阿姨受到了高额回报的诱惑，想要把自己这么多年辛辛苦苦积攒的退休金拿去做 P2P 的投资。她身边的人提出了反对意见，说风险很大，尽量不要去碰。然后这个阿姨对身边的人说："我知道有风险，所以我会做资产配置。只要不把鸡蛋放在同一个篮子里面，做一个组合，这样子就可以有效降低风险了。"于是阿姨做了一个决定，把手中所有的钱平均买入了十家 P2P 公司的产品。过了一年之后，这些 P2P 公司都爆雷跑路了，于是阿姨开始了漫长的维权之路 —— 而且还不止去找一家维权，而是要找十家来进行维权。

　　这个阿姨的"组合投资"，肯定不算是资产配置。因为把资金投入同一种风险属性的产品中，其实是根本达不到资产配置分散风险、降低波动的效果的。

　　当我们进行资产配置的时候，就是要让不会同涨同跌的资产来构成组合，这样当我们投资的某一类资产价格出现下跌的时候，另外的资产会跌得少一点，甚至还能上涨，通过这样的方式来有效减少某一大类资产下跌给我们投资带来的损失。所以，做资产配置，一定不能选择同涨同跌的资产来进行组合投资。

那怎样的资产才不会同涨同跌呢？这里就涉及一个非常有用的词组，叫做资产的相关性。资产的相关性指的是不同资产价格的涨跌的相互关系。

假设现在有 A、B 两类资产，如果它们的价格是同涨同跌的，那么这两类资产价格就是正相关。如果它们涨的幅度跟跌的幅度都是完全同步，一点都不会有差别，那么我们就会说这两类资产的相关系数为 1，叫做完全正相关。

而如果 A、B 两类资产刚好是相反的价格走势，A 上涨 B 就下跌，A 下跌 B 就上涨，那么这两类资产就是负相关，而且如果两者反向变化的幅度完全一致，那么这两类资产的价格就是完全负相关，相关系数为 -1。

如果 A、B 两类资产的价格走势完全不会相互影响，那么它们的价格就是完全不相关，相关系数为 0。

那我们想想看，在做资产配置的时候，能不能配置相关系数为 1 的资产？肯定不能，因为如果配置的资产相关系数为 1，意味着根本就没有办法分散风险，因为它们会同涨同跌。如果这样做就与前面所说的那个阿姨一样了。

那我们能不能在资产组合中配上完全负相关的资产——也就是相关系数为 -1 的资产呢？肯定也不行，因为此消彼长，A 资产价格是涨了，但是它的涨幅完全被 B 资产的下跌给抵消掉了，所以到最后我们确实不会承担任何的风险，但是也没有办法获得任何的收益。毕竟在投资的领域中，收益跟风险永远都是成正比的，所以我们真正做资产配置的时候，需要将不同资产进行一个有效的组合、有效的搭配，这些资产的相关系数可以有高有低，但是一定不要选择完全正相关和完全负相关的资产来进行搭配。

两类资产的相关系数如果大于 0，数值越大，证明正相关性越大；相关系数如果小于 0，数值越小，证明负相关性越大。

我们来看看过去十年，国内外主要资产指数的相关系数，见表 3-2。

表3-2

	SHFE黄金	沪深300	创业板指	深证成指	上证指数	中证全债	纳斯达克指数	日经225	标普500
SHFE黄金	1.000	0.196	−0.140	0.144	−0.140	0.263	0.358	−0.027	0.242
沪深300	0.196	1.000	0.779	0.718	0.888	0.696	0.746	0.742	0.715
创业板指	−0.140	0.779	1.000	0.564	0.808	0.663	0.633	0.743	0.647
深证成指	0.144	0.718	0.564	1.000	0.800	0.064	0.149	0.126	0.072
上证指数	−0.140	0.888	0.808	0.800	1.000	0.441	0.430	0.567	0.436
中证全债	0.263	0.696	0.663	0.064	0.441	1.000	0.942	0.902	0.957
纳斯达克指数	0.358	0.746	0.633	0.149	0.430	0.942	1.000	0.909	0.983
日经225	−0.027	0.742	0.743	0.126	0.567	0.902	0.909	1.000	0.952
标普500	0.242	0.715	0.647	0.072	0.436	0.957	0.983	0.952	1.000

数据来源：Wind 威尼斯摆渡人　周期：日线　2010/01/01－2020/12/31

从表 3-2 可以看到，不同资产之间的相关系数差别巨大，也正是因为有这些相关系数的差别，我们的大类资产配置才能起到分散风险的效果。也才有了上一章节中所展示的，在过去 16 年，股债通过简单调整比例配置就创造出超越纯权益投资收益或是在最大回撤小于纯债投资的情况下有效提升投资收益的理想效果。

相信大家有点蠢蠢欲动了吧！但是要怎么付诸实践呢？

其实资产配置是非常复杂的体系，它是一件非常专业的事情。而更重要的是对于每一种大类资产，我们会发现要关注的市场信息以及我们要去了解的专业知识都是不同的。因为不同资产在不同的经济周期表现会有很大的差别，而且影响不同资产表现的市场因素并不是一样的。

比如说债券，对于债券类资产我们要去关注市场的利率，要去关注整个市场流动性的变化，那大家是否真正具备这样的专业能力？是否知道该去关注哪些利率？该在什么样的渠道获取市场流动性的信息呢？我想绝大多数人可能都不了解。

再说说股票投资，绝大多数人进行股票投资可能都是没有经过基本面分析的，往往都是通过听消息的方式来决定购买哪一只股票，所以这也导致了追涨杀跌现象层出不穷。哪怕真正选到了好的个股，可能也因为投资方式不对而导致没有办法获得好的投资收益。

黄金投资也是这样。在我国有很多人喜欢买金饰，有些人喜欢在银行进行纸黄金的投资，而另外一些人喜欢直接买金条藏在家里。金价上升和下跌的时候，我们是不是有时间去进行关注？不同的黄金投资方式会不会有坑？到底哪种投资方式是最适合自己、最省心的呢？

讲到这里，其实大家会发现，当逐步了解资产配置这个体系之后，上面说的这些，最后都可能会成为我们进行有效资产配置的难点。因为要了解的知识点太多，需要花费的时间和精力不是一般人可以承受的。

那么如何来解决这些问题？有没有标准化的、可以用统一标准来进行业绩评价的、没那么高门槛的大类资产配置的途径呢？

我要告诉大家，现在市场中最简单的方法就是通过公募基金来帮大家解决大类资产的配置难点。公募基金都是标准化产品，是有公开业绩披露的，我们可以根据历史公开业绩在一个比较统一的标准下来挑选优秀的基金产品进行投资。这大大降低了我们的学习成本。

资产配置组合，应该是一个金字塔的结构，最下面是风险最小的固定收益类资产，再往上风险逐步提升。

而公募基金已经帮我们准备好了资产配置所需的几乎所有大类资产对应的产品。

比如说我们要保证资产配置组合的流动性，在公募基金中就有货币型基金和短债型基金可供选择。这两种基金风险都比较小，而且流动性都比较好，但是又能够给我们贡献出超越储蓄的收益。在流动性管理的同时可以获取超越一般水准的收益，是非常好的品种。

我们要做固定收益的投资，构成整个资产配置组合的基石，那么纯债基金就可以进行配置。纯债基金经理所做的工作其实就是帮我们进行市场上债券的投资。平时我们个人投资债券也许只能选到国债，但是债券型基金经理可以帮我们进行信用债、利率债的整体组合投资，根据基金经理专业的市场分析，有效规避市场的利率风险和信用风险，在合适的时间帮我们配置不同的债券品种，来获得最大的债券投资收益可能。所以纯债基金能帮我们有效地进行债券这个大类资产的配置。

而如果需要配置固收增强类的资产，公募基金有二级债基，有偏债混合型基金，来满足我们对于收益稍高于纯债，而风险远低于股票权益投资的资产需求，这些也就是我们现在俗称的"固收＋"产品。"固收＋"产品可以适当帮我们填补在债券资产和股票资产风险收益的空隙，做好这一段的配置。

另外，偏股类的混合型基金以及股票型基金可以在资产配置组合中担任前锋的角色，使我们通过组合投资的方式参与股票市场的投资，在风险可控的前提下博取更高的投资收益。

所以从风险低到风险高，从流动性强到长期投资，公募基金都有对应的产品可以帮我们解决问题。

在资产配置中，还会需要黄金等避险类的资产。而公募基金也有专门投资于黄金的产品——有专门跟踪黄金价格的黄金 ETF 基金，黄金 ETF 基金通过基金的投资帮我们有效跟踪上海的金价变动，这也帮我们解决了平时黄金投资的选择性困难，以及我们投资实物黄金时带来的储存难题。

所以，配置债券有基金，追求货币流动性有基金，投资股票有基金，买卖黄金也有基金。而且如果想配置海外的资产，公募基金有琳琅满目、品种繁多的 QDII 基金产品，帮我们以最低的成本、最简便的方法参与全球资产配置。

如果大家还对某些商品有配置需要的话，公募基金还有很多商品类基金。比如说油气类基金就是市场上一度被炒得非常热的一类产品。可能还有人会说，我想投资房地产，基金总提供不了了吧。还真的可以，REITs 基金就可以满足这个配置需求。在国内很多媒体把 REITs 基金称为"房地产基金"，其实这个说法不完全准确，准确的称呼应该是：Real Estate Investment Trusts，房地产投资信托基金。REITs 基金投资的方向就是房地产和基础设施，这类基金在海外是非常成熟的品种，它的投资风险收益基本上介于债券和股票之间，是一个非常好的长期投资品种。我国的 REITs 基金正在慢慢起步，未来如果大家想参与房地产和基础设施的投资，就可以通过配置 REITs 基金来实现。

综上所述，在做资产配置组合时，除了纯粹的保险类资产（它的杠杆保障作用基金没办法实现），其他类别的大类资产都可以方便地通过公募基金来解决问题。

因此让基金公司的专业团队帮我们进行具体资产的打理，我们通过配置不同类型的公募基金、做好不同大类资产的比例分配和控制，就可以取得比较好的资产配置效果了。

我们看看 2017 年到 2020 年不同类型的基金之间的相关系数是怎样的，见表 3-3。

表3-3

	股票型 基金总指数	混合型 基金总指数	债券型 基金指数	货币市场 基金指数	中长期纯债型 基金指数
股票型基金总指数	1.000	0.980	0.725	0.678	0.622
混合型基金总指数	0.980	1.000	0.830	0.798	0.748
债券型基金指数	0.725	0.830	1.000	0.988	0.990
货币市场基金指数	0.678	0.798	0.988	1.000	0.990
中长期纯债型基金指数	0.622	0.748	0.990	0.990	1.000

数据来源：Wind 威尼斯摆渡人 周期：日线 2017/12/18—2020/12/18

我们可以看到，不同类型的公募基金，相关系数也各不相同。股票型基金和债券型基金的相关系数相比混合型基金就小了很多，而纯债基金和货币型基金、股票型基金的相关性就更低。因此，我们可以通过投资不同种类的基金产品来构建资产配置组合，有效降低我们的投资风险，获得更为稳健的投资收益。

资产配置：
用基金构建不亏钱的组合

前面讲了那么多关于资产配置的话题，也跟大家介绍了公募基金可以满足绝大多数大类资产的配置要求，那接下来我们就要聊一聊，到底如何用公募基金来构成投资组合呢？

其实在进行资产配置的时候，前提还是必须要了解我们自己的风险承受能力，大家还记得本书一开始所说到的四个灵魂问题吗？我们再复习一下：

第1个问题，你到底有多少钱可以用于投资？

第2个问题，你打算投资多长的时间？

第3个问题，你能够承受的最大亏损是多少？

第4个问题，你打算赚多少钱就走？

● **在这四个问题中，涉及资产配置时，首要考虑的就是第三个问题：你能够承受的最大亏损到底是多少。**

比如，我们在构建不亏钱组合的时候，其实说白了底线就是不能够有任何的亏损——不管市场怎么变化，在最悲观的预期之下，我也要保证我的本金一定安全，不亏一分钱。

在达到风险控制的基本前提下，实际上我们可以有多种组合的方式，在组合的过程中，我们可以通过尽可能配置更多的高收益资产来达成在风险可控前提之下的收益最大化效果，这就是资产配置的具体做法。

那如何构建呢?

我在很多场合的培训中，跟大家讲到资产配置概念的时候，一般都会用一个比喻来告诉大家什么是正确的资产配置。

资产配置其实跟足球队比较类似：任何一支足球队都是 11 个上场队员，而 11 个队员中一定会有守在最后的守门员，守门员基本上是不用投入进攻的，他的主要工作是守住球门，守住球队的底线。而在守门员的前面会有后卫线，后卫主要的任务是防守，进攻并不是他们的主要工作。在后卫线的前面会有中场队员，中场队员防守的时候可以退回到后卫线，而进攻的时候又能直接压到前面成为得分手，所以是一个进可攻退可守的角色，非常灵活。此外，一定还会有前锋，前锋最重要的工作就是进球得分，对于他们来讲防守并不是主要的工作。

在足球比赛中，主教练的排兵布阵往往是像 442、352 这样的阵型，也就意味着在足球比赛中，其实大部分的人力分配都会放在偏防守的位置 —— 毕竟只有后防守得住，尽量少丢球，前锋的进球才会变得有价值。否则前面进的球多，后面丢的球更多，到最后也根本没有办法获得比赛的胜利。

对于我们的资产配置来说，也遵循同样的内在逻辑，那就是应该确保有更多的资产是安全的，来保证我们人生中很多必要的支出。

比如说我们老了之后必须要有养老金，小孩子到了念书的时候必须要有教育金，而当我们生病进了医院的时候必须要有医疗金。这些钱一定要有，一旦没有将会导致大问题。所以这些确定的人生支出必须要有高安全性的确定投资渠道来保证资金的供给。这说明，在我们的资产配置中，必须有足够的高安全性资产作为组合的基础。

而在保证了足够比例的低风险资产来满足未来必要的开支之后，我们才用剩下来的资金更好地去参与高风险的投资。这些钱能够赚到更高的收益就是锦上添花，可以满足我们对生活的美好向往；而万一这些投资真的遭遇亏损，最后没有办法赚到钱，也不至于影响我们的基本生活质量。

所以对于资产配置而言，一个非常重要的概念是：我们的组合应该是一个正金字塔的结构，也就是低风险的资产配比应该要更多一些，而高风险资产的配比应该要更少一些。

有了这个基本的概念之后，我们可以开始进入资产配置的实务了。

第一步，我们要确定一下，在组合中配置哪些类别的资产。一般来说，常见的资产有这样几类：

首先，黄金作为避险类资产应该在我们的投资组合中占有一席之地；其次是满足整个组合流动性需求的高流动性、高安全性资产，一般来讲要保持合理的流动性指的是满足 6 个月左右的日常开销金额；接下来需要配置的资产是占比最大的固定收益类资产，也就是前面说到的不能够冒大风险的资产；最后，是更加偏向于高风险不确定性的资产，比如说股票类资产或者偏股类资产（我们这里就不提保险了，保险最大的作用是保障，所以我一般不会把它作为投资类资产来进行定义）。

第二步，我们需要对未来的市场、未来一段时间之内不同大类资产的最大收益率和最大亏损率有一个基本的预测。也就是我们想要配置的这些资产，在未来某一段时间中，它们可能的涨跌区间是多大。这也就是我为什么讲到资产配置是一件很需要专业能力才能做好的事情的根本原因。

因为资产配置是在一定市场环境之下，根据不同大类资产的未来预期而进行调整搭配的动作，所以我们首先就需要去了解宏观经济到底处在怎样的周期，我们要去了解在不同周期中不同资产盈利和亏损的可能性到底能够达到多少——这些是需要专业知识、需要研究才能准确的。

因此专业的事情交给专业的人来做一定是对的。虽然我们接下来要跟大家讲究竟是用怎样的方式来进行简单的资产配置，但是大家还是要理解，并不是拍脑袋就能猜出不同大类资产在下一个时间段最大亏损和最大盈利区间的，这些判断和预测是需要专业能力作为支撑，才能够变得更加准确的。

为了方便大家理解，我们先假设未来一年的市场环境预测：

1. 股市最乐观估计上涨 15%，最悲观下跌 15%，一般预计上涨 10%。

2. 债券最乐观估计上涨 6%，最悲观下跌 2%，一般预计上涨 5%。

3. 黄金最乐观估计上涨 10%，最悲观下跌 10%，一般预计上涨 3%。

4. 现金（货币）最乐观估计上涨 4%，最悲观下跌 2%，一般预计上涨 3%。

好了，我们可以开始构建组合了，假设我们现在有 100 万元的本金可供配置。

第一种风险偏好：不接受任何亏损，也就意味着在所有资产最悲观预测情况下，本金不能有任何的损失。

于是，我们就有了以下这个最悲观预期下的配置组合，见表 3-4。

表3-4

资产	股票	债券	黄金	货币	一年后本利和
收益率	−15%	−2%	−10%	2%	
资金额（万元）	6	18	2	74	100.02

我们看到，哪怕每一项资产都是最差预期收益率，最后我们的 100 万元本金经过一年之后，还能赚到 200 元，完美地达成不亏钱的风险控制目标。

那我们看看这个资产分配的组合，在最乐观的收益率预期下，会是怎样的结果，见表 3-5。

表3-5

资产	股票	债券	黄金	货币	一年后本利和
收益率	15%	6%	10%	4%	
资金额（万元）	6	18	2	74	105.14

最乐观情形下可以有 5.14% 的收益率。

这也就意味着，我们用以上的这种资产配置，可以达成整个投资组合收益率一年之后落在 0.02%～5.14% 的区间（其实资产的分配比例还能继续微调，这里只是方便大家理解，所以就不做更加细致的测算了）。最大收益的数额并不高，但是我们也基本上不用承担本金损失的风险，所以符合我们一开始的风险控制要求。

第二种风险偏好：可以接受一年最大不超过 10% 的亏损。

我们调整一下不同资产的配置比例，得到一个最悲观的结果，最大的损失为 9.88%，符合我们最大不超过 10% 亏损的要求，见表 3-6。

表3-6

资产	股票	债券	黄金	货币	一年后本利和
收益率	−15%	−2%	−10%	2%	
资金额（万元）	56	29	10	5	90.12

那这个组合在最乐观的情况下，能够有多大的收益率呢？见表 3-7。

表3-7

资产	股票	债券	黄金	货币	一年后本利和
收益率	15%	6%	10%	4%	
资金额（万元）	56	29	10	5	111.34

最乐观的情况收益率为 11.34%。所以这个组合的收益率区间就是 −9.88%～11.34%。很明显，波动的区间变大了，承担的风险变大，获得可能收益的额度也变大了。

以上就是两种最简单的资产配置测算演示，相信大家看完之后，应该多少对资产配置的具体方法有所了解了。

现实中，我们用来做配置的资产很有可能不止我例子里面的四种，但是真正执行起来，都是一样的逻辑：了解每一类资产未来的收益预期，按照自己能够承受的最大亏损幅度来测算最悲观预期下的资产配置比例就可以了。只要我们对于资产收益率的预测更加准确，那么我们的资产配置效果也就会更好——当然，这件事情并不是那么容易做的。

在上面的例子中，股票类资产可以用股票型基金或偏股混合基金来进行实际的配置，债券类资产可以用债券型基金来配置，黄金类资产可以用黄金 ETF 基金来配置，货币现金资产可以用货币型基金来配置。

进行资产配置，构建基金组合来进行投资，可以有效降低单独投资股票型基金的风险，更好地稳定我们在市场出现波动时的投资心态，使得我们的基金投资能够更加长久地坚持下去——这样才能更好地获得基金投资收益，降低基金投资风险。

投资者如何才能
通过基金投资赚钱

大家买基金的目的肯定不是买基金，而是作为一项投资，希望通过买基金来赚钱，获取投资收益。

那投资到底该怎么做才能赚钱呢？这里有一个很好玩的例子分享给大家。

如果现在我们打算去做一个实业投资，比如说想开一家奶茶店。大家会做哪些准备工作呢？

第一步：选一个靠谱的加盟品牌。这个过程我们需要去调研市场上比较有名的加盟商，看看哪一家提供的支持资源是最多的，评估一下加盟哪一家成功的可能性比较大。这个过程我们至少需要花一周到半个月时间，花上一个月时间也是很正常的。

第二步：选址。要开一家奶茶店，我们肯定需要挑一个人流量不错的地段，而且是奶茶消费的目标人群聚集的地方，这样未来的客流量才有足够的保证。所以我们很有可能需要到不同地段去进行实地的考察，甚至需要蹲守进行人流量的统计，了解商铺的租约情况、转让费、有无纠纷等等。这个过程，我们大概也要花掉半个月到一个月的时间。

第三步：装修店面，招聘人手。这个过程花费半个月。

第四步：备货、开张营业。终于大功告成了。

在这里我们用了一种非常简易的方式来梳理开设奶茶店的流程，当然真正要开店肯定没有这么简单。但哪怕就是这么简单的流程，从一开始算起来，都需要2～3个月的时间才能把想法落地成为现实。

为什么会需要这么长的时间呢？因为我们开店的目的肯定是赚钱，而不是亏钱。所以我们才需要在准备过程中多方比较考察，设想未来可能出现的种种困难，并且提前做好预案，加大未来经营成功的可能性。

而现实中，大家在进行金融投资，进行股票、基金投资的时候，会花多长的时间来做投前的准备工作呢？

3个月？

开玩笑，很多人也许3天都不用，3个小时可能都嫌多了吧！

实业投资和金融投资其实都是把我们的本金投资出去，通过投资的项目或者标的来获取本金的增值。

为什么我们在进行实业投资的时候会瞻前顾后、小心翼翼、谨慎地做出最终的决策？而到了金融投资领域，就变得如此胆大妄为了呢？

因为我们绝大多数人把金融投资当成了赌博，而不是投资来对待。

我们面对投资都会谨慎，不懂不做，不懂不投，并且会给自己划定好止损边界，如果觉得风险太大，可能还会采取邀请其他人入伙的方式来分散自己的风险。因为我们真的是以投资的思维来进行规划的。

金融投资，尤其是标准化的证券投资，比如股票、基金、债券等等，因为我们很多时候并不了解这些证券背后所代表的具体投资内容是什么，而看到的只是账面上的数字而已，所以从认知角度来说，就会把它当成游戏——大家以前应该都有玩过"大富翁"游戏吧，就是这种感觉。

而且绝大多数人之所以会开始进行金融投资，很大可能是因为发现身边的人通过股票、基金投资赚到钱，于是自己从一开始的不相信到慢慢心动，再到最后冲动不已，凭着一个"勇"字就冲入了市场。对于自己买的是什么完全不了解，对于市场未来会怎么发展根本不清楚，对于目前市场处在什么位置毫无概念……

我在 2015 年 7 月股灾发生之后，接到很多银行渠道的邀请，去给他们的客户做现场的讲座——因为大家都亏损惨重，需要心理辅导。在广东的一次银行活动上，在我演讲结束后，有一位女士找到我，满面愁容地问我："老师，您可以帮我看看我买的这只股票吗？已经亏了 60% 了。"

平时我们出去演讲从来不会对个股进行任何的评述，但是因为股灾确实让很多投资者心理处于濒临崩溃的状态，所以我当时没有直接回绝她，而是问了一句："你这只股票是哪个行业的？"

她给了我一个我绝对没有想到的答案："不知道。"

听到这个回答，我瞬间就知道我接下来要问的另外几个问题的答案是什么了。

问："这家上市公司的财务状况如何？"

答："不知道。"

问："既然你都不知道，为什么你会买这只股票？"

答："一个炒股很多年的朋友给我介绍的，说这只股票有消息，会涨。"

当你看到这段对话的时候，相信你大概率会会心一笑吧——是不是我们平时在买股票的时候也是这样的呢？

这就好像有人和你说开奶茶店很赚钱，你什么都没有去了解，就直接砸了几十万元出去盘了一个店面开工了……这和直接把钱扔到水里没有太大的差别。

金融投资也是需要做功课的，也是需要认真去做事前准备的。如果我们没有做好准备，建议还是等等再说。

所以，如果要提高我们在基金投资中的胜率，了解基金投资的知识和技巧是开始入手前的必要动作。

你现在看本书，其实也就是在做这个准备，我要为你点赞。你已经比这个市场上大部分的投资者的胜率要高了。

做好基本的知识储备，了解自己所投资的是什么，了解自己适合投资什么基金，这是前面这些章节给大家介绍的内容。

接下来，我们要开始真正聊聊挑选基金的技巧了。

挑选基金实战技巧：
买基金先挑基金公司

在过往的这些年里，我一般都比较愿意给身边的朋友推荐指数基金的定投。原因是投资周期可以更长一些，大家对于后续市场波动的耐受性会强很多，在偏弱的市场中，不用过多地去进行单独的心理辅导（面对浮亏是需要有很好心态的）。

但是随着市场慢慢地从弱变强，很多主动管理型基金在过去的几年交出了非常不错的业绩答卷，越来越多的朋友开始问我有没有好的主动管理型基金推荐。

2019年股票与偏股型基金的收益比较

2019年	总数量	收益为正数量	占比	平均收益	中位数收益	最高	最低	标准差
股票	3757	2811	74.84%	27.64%	15.46%	709.63%	−87.26%	50.92
股票及偏股型基金	1066	1066	100.00%	45.76%	43.94%	121.69%	0.11%	16.61

说明：采用Wind开放式公募基金分类数据。
股票型取主动管理型，不含被动指数及ETF。

数据来源：Wind 威尼斯摆渡人

图3-1

2020年股票与偏股型基金的收益比较

2020年	总数量	收益为正数量	占比	平均收益	中位数收益	最高	最低	标准差
股票	4140	2157	52.10%	18.94%	1.71%	1600.57%	-92.37%	71.59
股票及偏股型基金	1389	1387	99.86%	58.67%	57.53%	137.53%	-2.67%	23.90

说明：采用Wind开放式公募基金分类数据。　　　　　　数据来源：Wind 威尼斯摆渡人
　　　　股票型取主动管理型，不含被动指数及ETF。

图3-2

　　但是，由于主动管理型基金和基金经理的关系极大，市场上也只有少数的基金经理能够保持长期良好稳定的业绩（而且过去这十数年，很多优秀的公募基金经理都已经奔私了）。

　　由于A股市场的行业轮动迅速、基金产品的风格漂移也现实存在，因此我想和大家讲讲自己如何挑选主动管理型基金。

　　主动管理型基金和指数基金的挑选思路是完全不同的。指数基金采取的是跟踪目标指数的复制投资策略，所以在很多时候，基金经理对于指数基金业绩的影响并不是太大。

　　只要一家基金公司的IT技术能力跟得上，指数投资团队不犯低级错误，一般来说指数基金都不会做得太差。

　　在市场上，只要是跟踪同一只目标指数的指数基金，就算业绩（跟踪误差）有差距，其实投资到最后的收益差异也不会很大（指数增强基金除外）。

　　而对于主动管理型基金，选了不同的产品，有可能在经过多年的投资后，收益的差距会变得极其之大。所以挑一只好的主动管理型基金非常重要。

　　根据《中国基金报》在2019年10月的一篇报道所统计的数据，从2007年的6124点经过12年时间，上证综指下跌了超过50%，但是市场上

面有 19 只偏股主动管理型基金收益都已经超过 100%。那如何做才能让自己买到这样的好基金呢？

选主动管理型基金就是选基金经理，而要选基金经理，首先得挑一家靠谱的基金公司。

公募基金公司和私募基金公司在数量上有很大的差别，截至 2019 年 12 月 31 日，我国共有 140 家公募基金公司（含券商公募资管），而截至 2019 年底，在中基协存续登记的私募基金管理人高达 24471 家。

由于私募基金公司数量太多，因此一般的私募基金公司更多靠的是基金经理的个人能力在市场竞争。而公募基金公司有完整的投研系统，所以一般来讲公募基金公司都会有非常庞大的研究团队作为整个投资体系的支撑。

同时，由于公募基金提供的是面向普通老百姓发售的低门槛、具有普惠性质的金融投资产品，因此有着市场上最严格的监管要求。在此背景下，公募基金有完备的风险监控系统和投研支持系统，并且有非常良好的运作保障系统。

在这样全面的保障条件下，公募基金的基金经理是通过团队在进行战斗的，而不是仅仅靠个人能力单独打拼。所以我们要挑选一只好的主动管理型公募基金来进行投资，首先就得从公司层面进行挑选。

一家好的基金管理公司旗下的所有主动管理型产品的业绩往往都具有一定的共性，毕竟同一家基金公司旗下的所有基金经理都要受公司投资决策委员会的统一约束。

如果在挑选产品的时候发现某一家基金公司旗下的主动管理型基金只有一只表现特别突出，而剩下的大多数在过往这些年的排名中都一直处在市场的后 50%，甚至后 30%，那么这家公司的这只看上去极其优秀的产品也尽量不要去碰。

能够出品长期表现比较好的基金产品的基金公司，旗下所有的基金产品一般来说在比较长的时间之内都会有比较强的稳定性，不会出现业绩的大幅波动。

在很多时候，它们产品的业绩都会集中地处在市场的前50%，而且在不同的年份可能会有非常拔尖的产品出现。那这些公司是不是也会有表现不好的产品呢？当然也会有，但是一般来说数量在产品总数中占比很少。

除了前面所讲的基金业绩是否稳定、是否整体优秀的因素之外，挑选基金公司还有一个重要的指标就是基金公司的资产管理规模。市场上各个基金研究机构都会在每个季度、每年公布基金行业的资产管理规模的排名。

一般来讲，资产管理规模越大的公司相对而言盈利状况越好，所以整个团队的稳定性也会更好一些。对于基金公司而言，人才是最重要的资源，所以一个公司的核心人才团队只有具有比较好的稳定性，才有可能具备比较好的产品业绩的持续输出能力。简单来说就是，这家公司优秀的基金经理和研究人员不会随随便便就跳槽走掉。

我们知道公募基金的投资者除了普通的老百姓之外，也有很多的大机构，而这些大机构在选择基金公司的时候往往都会有一个"白名单"，而这个"白名单"往往就是按照基金公司的资产管理规模来划定的。

一般来说，大机构选择的可以进入其"白名单"的基金公司往往都是在资产管理规模排在市场前30位，甚至于前20位的公司。在这个排名之外的公司往往都不在它们的选择范围之内。其实这也充分说明了规模对于保证产品业绩的重要性。

在选择基金公司的时候，我们还要特别去关注近一年这家基金公司有没有发生高级管理人员和管理团队的人事变更事项。如果我们发现某一家基金公司在过去这一年之内发生了高管团队的人事变化，而且有时候不仅仅是变一个人，甚至同时调整了数个高管的话，短期之内我们对这家公司的产品就要额外小心一点。

当然，并不是说换了高管，这家基金公司的产品就一定会变差，但是在我国历来都有一句话，叫做"一朝天子一朝臣"，高管团队的变化很有可能会影响到这家公司整体团队的人员稳定性。而这对于这家公司的产品运作来说一定不算一个很好的消息。

总结一下：因为公募基金是属于团队作战，所以选择一只好的基金重要的是要选择一家靠谱的基金公司，而选择一家靠谱的基金公司可以关注几方面的信息。

第一，这家公司旗下所有的产品业绩是否稳定，是否都处在比较优秀的区间。

第二，我们所挑选的基金公司整体的资产管理规模不能过小，最好能够大一点儿，因为规模越大的基金管理公司盈利状况越好，经营状况越稳定，所以人才团队也趋于稳定，业绩持续输出的概率更大。

第三，这家基金公司在近期有没有出现高管团队的人员变更，如果出现了这个情况，我们就要更加谨慎一点。

"5432"法则：
如何从基金排名挑基金

我们一般都会习惯性地通过基金过往的业绩好坏来判断某一只基金产品的投资价值。

公募基金信息披露的要求非常严格，基金净值都是公开的信息，基金产品的历史业绩是没有办法作假的。

虽然说过去不代表未来，以前业绩好并不代表未来的业绩一定好。但是如果一只基金产品能够持续多年保持稳定优良的业绩输出，那么选择它来进行投资，相对而言确实未来的胜率要大一些。

而大家在选基金的时候，又总是喜欢去选"最好"的那些产品，于是基金排名就成了很多人挑选基金的重要依据。

那如何从业绩排名这个维度来挑选主动管理型基金呢？

挑选主动管理型基金的时候有一件非常值得大家注意的事情，那就是尽量避免去挑选上一年度在市场排名非常靠前的主动管理型基金。

以历史经验来看，很多临近年末排名比较靠前的主动管理型基金在年末为了争夺所谓的"年度冠军基金"，会存在短期之内为了排名而采取一些短期操作行为的现象。虽然不是每一只基金都会这样做，但是从历史经验来看，确实出现了很多类似的情况。

所以，市场上就出现了一个非常常见的现象：当年度市场排名靠前的基金，在下一个年度基本上在前 20% 都很难找到，甚至有些基金在上一个年度是排在市场第一的，后一个年度就要到市场的后 20% 中去寻找它。

我们来看 2015—2017 年三年的冠军基金，在后面几年的表现情况：

图 3-3 这只基金是 2017 年的冠军基金（主动偏股型），2018 年就已经排名在市场的后 30% 了。

	2015	2016	2017	2018	2019	YTD
●▪▪▪▪▪▪	-	-	67.90%	-21.97%	50.94%	-12.45%
●沪深300	5.58%	-11.28%	21.78%	-25.31%	36.07%	-11.24%
●灵活配置型基金	42.08%	-4.20%	9.52%	-13.01%	30.36%	-1.23%
市场综合评级	---	---	---	--	★★★★★	★★★★★
同类排名	-	-	1/1240	1124/1539	292/1805	1840/1899

图3-3

2016 年的冠军基金，后面几年的排名表现如图 3-4：

	2015	2016	2017	2018	2019	YTD
●▪▪▪▪▪	-	92.10%	13.56%	-18.40%	15.30%	-0.41%
●沪深300	5.58%	-11.28%	21.78%	-25.31%	36.07%	-11.24%
●灵活配置型基金	42.08%	-4.20%	9.52%	-13.01%	30.36%	-1.23%
市场综合评级	---	---	---	★★★★★	★★	★★
同类排名	-	1/718	297/1240	959/1539	1306/1805	900/1899

图3-4

2015 年的冠军基金，后几年的表现如图 3-5：

	2015	2016	2017	2018	2019	YTD
●▪▪▪▪▪▪	171.78%	-39.83%	15.19%	-32.54%	89.87%	4.17%
●沪深300	5.58%	-11.28%	21.78%	-25.31%	36.07%	-11.24%
●灵活配置型基金	42.08%	-4.19%	9.52%	-13.01%	30.36%	-1.23%
市场综合评级	---	★★★	★★★	★	★★★	★★★
同类排名	1/236	714/717	245/1240	1477/1539	9/1805	244/1899

图3-5

为什么会有这样的"冠军魔咒"呢？

因为如果当年市场没有系统性的牛市行情，基金产品能够获得非常好的业绩，往往证明这些基金经理是重仓了某一个或者某两个热门行业。而市场的热点总是在频繁地切换，所以很多前一年排名靠前的基金，下一年的业绩可能都没有太大的持续性，因此大家没有必要去追求排名靠前的热门基金。

基金投资是一个长期的过程，我们更加需要的是业绩稳定优良的基金，这样不管在什么时候投资进去，都可能获得比较稳定的回报。

在这里，我想给大家介绍一个挑选主动管理型基金看排名的法则——"5432"法则。

"5432"法则的具体内容是：

我们在挑选主动管理型基金时，首先看它近五年在同类基金中的排名要在前1/5，近三年的同类排名应该排在前1/4，近两年的同类排名应该排在前1/3，而近一年的同类排名应该排在前1/2，这就是"5432"法则。

这个法则很简单，大家会发现越长的年限，比如说五年，我们要求基金应该要排名在同类的前20%，也就是前1/5，而近一年只要求它排在前50%，前1/2就好。意味着时间拉得越长，我们对基金产品业绩排名靠前的要求就越严格，但是时间越短，我们能够容忍它排名的区间就会更大一些。

这是因为我们需要的是一个长期表现稳定且优秀的产品。从短期市场来说，可能会有各种不确定性的因素，短期市场的择时是一个永恒的难题，所以基金产品在短期之内没有表现特别出色是可以接受的。

而好的基金经理可以在较长的市场变化中稳定地获得超额收益，因此时间越长，好的基金经理、好的基金产品的 α 收益就会越高。因此我们对于长期业绩排名的要求会变得越来越高，也只有这样的产品从本质来说才是值得投资的优秀产品。

当然说到"5432"法则的时候，大家还要注意以下几个要点：

1. 有一些产品可能符合"5432"法则，过去五年虽然它排在市场的前20%，但是可能这五年中只有一年的业绩是极其出色的，另外四年的表现和同期其他产品比起来都不是很好，这样就会因为一年的出色业绩而把它整个五年的业绩排名给拉上去了。针对这样的产品，我们就不能够说它是真正满足"5432"法则的，应该予以排除。

2. 我们在看产品是否符合"5432"法则的时候，一定要注意这只基金在过去五年有没有更换过基金经理，如果更换过基金经理，那么我们就应该只看现任基金经理管理这只产品之后的业绩情况。

3. 针对成立时间不到 5 年的基金产品，我们可以去看同一个基金经理所管理的其他已经满 5 年的产品业绩是否符合"5432"原则。

4. 如果一个基金经理管理产品的年限还没有满 5 年，我会等他经历过完整的牛熊周期之后，再来考虑是否选择他所管理的产品。因为任何基金经理都需要在市场的实战中经历心理和技术上的洗礼之后，才能够真正成熟起来，才能拥有比较稳定而长期的投资逻辑——这与我们长期进行基金投资的理念是相符的。

"5432"原则可以帮我们迅速地对基金产品有一个较为准确的初步评估——虽然符合"5432"原则的基金未来不一定仍然可以贡献出和以往一样出色的业绩，因为市场在日新月异的变化之中，基金经理的知识结构和投资逻辑是否能顺应时代的变化有待观察。但不符合"5432"原则的基金，至少不能算是市场中最值得投资的那一类产品，基金经理在过往都没有能够在市场中证明自己有为投资者创造长期稳定回报的能力，我们对他未来的信心又能来源于哪里呢？

Chapter 3

基金投资实战技巧：
哪些基金评价机构是可以信赖的

在上一章和大家介绍了针对主动管理型基金的挑选法则："5432"。这里要特别提醒大家一点：所有的主动管理型基金都适用于"5432"法则，包括股票型、混合型、债券型。主动管理的基金中，只有货币型基金用"5432"来挑选是没有太大意义的——因为它们的收益差距真的很小。而被动管理的指数基金就不适用于这个原则了。

"5432"法则的关键是"同类基金的排名"。在现实中，大家在网络上看到的很多基金的同类排名其实是不准确、不严谨的。比如混合型基金中又分为偏股、偏债、平衡、灵活配置几个细分类别，由于每个类别的股债配比有比较明显的合同限定，拿到一起来进行"同类排名"基本上不具备参考价值。

大家想想，一只偏股混合基金和一只偏债混合基金，虽然都是"混合型基金"，但是长期投资下来，前者的总收益大概率会远远超过后者的总收益。因此在进行"5432"筛选的时候，偏债混合基金在混合型基金的同类排名中，基本上都不可能满足被挑选的原则。

所以，我们在获取基金同类排名来执行"5432"原则的时候，需要看到所谓的"二级分类排名"，而这些信息，在一般常见的网络平台上是不提供的。

那我们到底该在什么平台、通过什么样的渠道去获取准确的排名信息，再使用"5432"原则呢？

很多平台上只能找到基金产品近三年的业绩，根本就找不到近五年的业绩排名。甚至很多朋友还想把市场上面几千只主动管理型基金全部都通过"5432"来筛选一下，最后得到一个可供选择的基金池——如果你打算做这样一个浩繁的工程，那么你其实已经在做另外一些专业机构在做的事情了，这些就是专门负责做公募基金评价的专业机构。

在基金市场中，存在着许多不同的市场参与主体。

根据所承担的职责和作用的不同，可以将基金市场的参与主体分为基金当事人、基金监管机构和自律组织、基金市场服务机构三大类。

基金当事人指的是基金管理人、基金持有人和基金托管人。基金管理人，就是基金公司。基金持有人，也就是买基金来投资的人们。基金托管人怎么去理解呢？为了投资人资金的安全，大家买公募基金的钱实际上都不是放在基金公司的，而是托管在符合资质要求的商业银行或者是证券公司里，也就是第三方托管。基金托管人要保证资金的安全，还要监督基金公司用这些资金进行投资的合法性和合理性。

第二类基金市场主体就是基金监管机构，它指的是基金监管机构和自律组织。其实就是证监会及其授权机构以及中国证券投资基金业协会（简称基金业协会）。它们负责监管整个基金业健康合法合规地运作。

最后一类基金市场主体就是基金市场服务机构。

基金市场服务机构其实包含了基金销售机构、基金销售支付机构、基金份额登记机构、基金估算核算机构、基金投资顾问机构以及基金评价机构。

大家会发现在这个类别中，有几个是我们平时接触极多的。

第一个就是基金销售机构。

我们可以从哪些渠道和机构买到基金 —— 这些机构就属于基金销售机构，比如商业银行、证券公司，还有网络第三方平台等等。

第二个是基金投资顾问机构，也就是平时说的"投顾"。投顾机构所做的工作就是给投资者提供相关的基金投资建议，帮助大家更好地进行基金投资，提升基金投资的收益。投顾机构是一定要获得法定认可的牌照，才可以去开展投顾服务的，没有牌照的投顾机构，不建议大家选用。

最后一个跟大家关系特别密切的就是基金评价机构。

基金评价机构就是负责研究市场上基金的过往历史业绩和管理情况，对全市场基金进行评价打分的机构。

平时经常有朋友会问我："老师你看看我挑的这只基金是五星评价的，应该可以直接买吧？"

还有人问："老师，你推荐的这只指数基金，居然只有两颗星，那是不是意味着不好，应该去选五星的呢？"

这就涉及一个非常重要的问题：到底哪些机构的评级是具有参考价值的？

因为现在只要是网站，都可以把公募基金的公开数据拿到一起，做一个数据库，然后自己编制一个相关的规则来进行基金的评价和排名。但是这个评价客不客观？有没有在其中掺杂自己的商业目的？有没有在排名评价时夹带私货？这些就成了大家在面对各个评价机构时脑海中挥之不去的疑惑。

其实这个话题在汽车行业也闹得沸沸扬扬。我们平时在评价汽车安全性能是否过硬的时候，总是喜欢去看一些机构所做的车辆碰撞测试的评价结果。

结果在去年，中保研公布了一批热门车型的碰撞测试结果。某热门品牌旗下的一款非常热门的畅销车型，在正面 25% 偏置碰撞测试中拿到了最差的评价，舆论哗然。因为同一款车型在另外一家评价机构做碰撞测试的时候，是拿到了安全性能满分评价的。因此给出满分评价的机构，就被网友讽刺为五星批发部……因为只要汽车厂商给了足够的广告费，就可以在测试中进行舞弊，这样的评价结果就完全丧失了公信力。

基金评价也是一样，如何保证评价的公正性呢？

目前被中国证监会所认可，可以对基金进行评价及评奖的机构数量不多，它们是以下这些：

晨星资讯有限公司

天相投资顾问有限公司

北京济安金信科技有限公司

以上三家是中国证监会所认可的证券投资咨询机构及独立基金评价机构，可以对公募基金进行业绩评价。

被官方认可，可以对公募基金进行业绩评价的证券公司有四家：

中国银河证券股份有限公司

海通证券股份有限公司

招商证券股份有限公司

上海证券有限责任公司

因此，被官方所认可，能够对公募基金进行评价的就是前面的这七家机构，它们所出具的评价结果是具有可信度的。

而官方认可的可以对中国公募基金开展评奖业务的只有三家机构。

中国证券报社

上海证券报社

深圳证券时报社

除了以上三家公司的评奖是官方所认可的之外，其他机构所做的基金评奖都属于商业操作行为——也就是有暗箱操作的可能性。

根据相关法规的要求，所有基金公司在宣传自家产品的时候，只能采用前面所讲的这十家官方认可机构所做出来的基金评价以及评奖结果。如果引用了其他机构的相关评价数据，一概属于违规。

　　如果大家以后在进行基金投资的时候，看到有基金公司或者代销渠道所提供的产品宣传材料，引用了非上面十家的数据跟评奖结果，那么就需要小心一点了，这是违规的材料，千万不要被上面耀眼的数据和奖项所迷惑。

金牛基金可以无脑选择吗

在上一章中讲到，并不是随便一家机构都能够对公募基金进行评价。官方所认可的评价机构以及评奖机构加起来总共也只有十家而已，而其中能够给公募基金提供评奖服务，且被官方所认可的机构只有三家，分别是：中国证券报社、上海证券报社以及深圳证券时报社。

说到基金的评奖，最有名的就是金牛基金的奖项。有不少的投资者，总是觉得选金牛基金应该是没有问题的。真的是这样吗？

这一章就要跟大家来详细讲一讲三大官方认可的报社所进行的基金评奖，它们分别评出来的到底是些什么样的奖项呢？而获奖的这些基金公司和获奖的这些基金产品是不是就可以让我们直接作为投资的无脑选项呢？

市场上十家被官方所认可的基金评价机构都是在2010年中国证监会颁布《证券投资基金评价业务管理暂行办法》之后，由中国证券业协会在众多申请机构之中，通过评估选出来的。

当时选出这十家机构，实际上是希望它们能在基金的评奖以及相关的评价工作中通过相互合作来打造一个具有市场公信力的基金评价体系和评价品牌。

中国证券报社、上海证券报社和深圳证券时报社这三家获得了给基金评奖资格的机构，每年都会给公募基金行业做出相关的奖项评选。

三家机构所评奖项中，市场影响力最大的是由中国证券报社所颁出的奖项——中国基金业金牛奖。上海证券报社评选出来的奖项叫做金基金奖，深圳证券时报社每年所评选的叫做中国基金业明星基金奖。

由于金牛奖是大家平时听得最多的、在业内影响力最大的奖项，所以我先跟大家详细介绍一下金牛奖。

金牛奖评选的主办方是中国证券报社，协办方是中国银河证券、天相投资顾问有限公司、招商证券、海通证券以及上海证券。

大家发现没有，金牛奖的主办方加上协办方总共有六家机构，而这六家机构全部属于具有官方认可资质的基金评价机构。十家占了六家，这也是为什么金牛奖评选一直都被业内最为看重的一个原因。

中国证券报首届基金业金牛奖评选结果是在 2004 年年初公布的，截至 2020 年，该奖项评选已经举办了十七届。

在最近一届基金业金牛奖评选中，总共有 17 个奖项，有 88 个获奖名额。

在基金业金牛奖的评选中，现在一般都会分为两个大类：一类是公司奖项，另外一类是产品奖项——这些获奖的基金产品就是我们平时所称的金牛基金。

我特意回头去看了一下这十多届中国基金业金牛奖每一届的评奖数量。

在第一届金牛奖评选中，获奖的只有 20 只金牛基金，开放式基金和封闭式基金各 10 只。

到 2010 年，金牛奖已经有了公司奖项和产品奖项两个大的分类了，而获得产品奖也就是金牛基金称号的基金产品总数已经达到 65 只。

而到了第十七届金牛奖，获得金牛基金称号的产品数量为 63 只，这些获奖的金牛基金是按照股票型、混合型、债券型以及指数型四个大的类别分别进行评价，然后再根据基金产品存续投资时间的长短，在各个类别中细分了相关的奖项。

能够获得金牛基金资格的产品，在市场中的存续期至少超过了三年——这一点也符合我平时自己在挑选基金的时候所设置的底线，那就是如果一个新的基金经理，管理产品的时间没有满三年，一般都不会在我的投资选择范围之内。

那我们是不是就可以根据金牛奖的获奖名单，无脑进行跟投，来"抄作业"呢？

我们一起来具体分析一下吧。

我们看一下 2020 年金牛奖榜单，获得七年期开放式股票型持续优胜金牛基金奖的是 ××× 消费行业股票基金、×××× 大盘股票基金以及 ×××× 量化小盘股票基金。

这三只产品中，××× 消费行业基金应该说是一只老牌的明星基金了。

我们可以来看一下这只产品近五年的同类排名情况，见图 3-6。

	YTD	6月	1年	2年	3年	5年	10年	总回报 (10.5年)
■■■■消费行业	7.28	41.56	107.18	183.47	130.84	412.96	514.33	465.80
普通股票型基金	7.51	18.31	76.78	136.70	88.31	149.80	248.48	263.97
沪深300	5.26	14.96	48.72	68.91	28.42	86.02	78.25	85.60
■■■■消费行业基准	6.29	28.05	80.38	119.67	76.67	198.25	216.88	223.73
同类排名	279/549	42/468	80/408	93/341	75/277	1/158	1/10	1/7

数据来源：Wind威尼斯摆渡人，截至2021-02-04

图3-6

如果看五年业绩，这只产品的同类排名是 1/158，妥妥的五年业绩冠军。三年同类排名 75/277，而近两年同类排名 93/341，近一年的同类排名为 80/408，完全符合"5432"法则。

接着我们看一下这只基金有没有换过基金经理，见图 3-7。

消费行业(████) - 基金经理

简历	姓名	任职日期	离任日期	性别	国籍	学历	出生年份
▣	██	2012-09-28	–	男	中国	硕士	–
▣	████	2021-01-16	–	男	中国	硕士	–
▣	████	2013-04-27	2015-01-10	男	中国	硕士	–
▣	████	2010-08-20	2012-11-24	男	中国	硕士	1979

数据来源：Wind威尼斯摆渡人，截至2021-02-04

图3-7

我们发现这个产品的基金经理从 2012 年 9 月 28 日开始就已经管理该产品了，所以过往 5 年的业绩都是在他的管理下获得的，因此没有问题。

这只基金唯一的问题就是产品规模已经超过了 300 亿元。关于规模的问题，我后面再和大家详细讲。

所以，第一只金牛产品看上去确实是可以考虑跟的。当然，还是要提醒大家：过往业绩不代表未来。

接下来我们再来看第二只金牛基金：××××大盘股票基金。

同样，我们也先来看看过去五年这只产品的同类排名情况，见图 3-8。

	YTD	6月	1年	2年	3年	5年	10年	总回报 (11.6年)
● ██ 大盘A	9.26	29.52	66.86	105.70	68.67	193.27	409.50	519.19
● 普通股票型基金	7.51	18.31	76.78	136.70	88.31	149.80	248.48	297.40
● 沪深300	5.26	14.96	48.72	68.91	28.42	86.02	78.25	77.87
● ██ 大盘A基准	4.74	13.47	43.29	61.13	26.26	76.78	73.35	74.20
同类排名	197/549	103/468	251/408	247/341	190/277	55/158	3/10	1/4

数据来源：Wind威尼斯摆渡人，截至2021-02-04

图3-8

这只基金大家就看出问题来了……从同类排名来看，很明显这只产品的表现是不满足"5432"原则的。

为什么会这样呢？原因到底是什么？

我们可以看一看这只产品的基金经理任职情况，就会真相大白了，见图 3-9。

简历	姓名	任职日期	离任日期	性别	国籍	学历	出生年份
圙	▨	2020-05-09	–	女	中国	硕士	–
圙	▨▨	2020-07-11	–	男	中国	硕士	–
圙	▨▨	2018-04-28	2020-05-30	女	中国	硕士	–
圙	▨▨	2014-09-16	2018-04-28	男	中国	硕士	–
圙	▨▨	2009-06-24	2015-05-23	女	中国	硕士	–
圙	▨▨	2009-06-24	2010-12-04	男	中国	硕士	1971

数据来源：Wind威尼斯摆渡人，截至2021-02-04

图3-9

原来，这只产品的基金经理人选更替频繁……我们再进一步看看历史上单年度这只基金的收益排名情况，见图 3-10。

年份	▨▨大盘A	普通股票型基金	沪深300	市场综合评级	同类排名
2021	9.26	7.48	5.26	★★★	197/549
2020	42.64	59.81	27.21	★★★	283/403
2019	42.94	47.87	36.07	★★★★	197/337
2018	-20.61	-24.46	-25.31	★★★★★	89/272
2017	28.07	16.42	21.78	★★★★★	49/200
2016	6.46	-10.85	-11.28	★★★★★	13/148
2015	35.18	47.00	5.58	★★★★	41/54
2014	60.25	20.66	51.66	★★★	1/19

数据来源：Wind威尼斯摆渡人，截至2021-02-04

图3-10

原来，这只产品业绩最好的那个时段，并不是现任基金经理管理的时期，现任基金经理和上任基金经理管理的业绩在同类产品中难言出色。所以，哪怕这只产品是一只金牛基金，也不是一个可以直接无脑选择的投资标的。

接下来我们再来看 ×××× 量化小盘基金，这是第十七届基金业基金评奖中七年期开放式股票持续优胜金牛基金中的第三只。

那么这只产品过去五年的业绩又怎么样呢？见图 3-11。

	YTD	6月	1年	2年	3年	5年	10年	总回报 (9.7年)
● ■■×■■■量化小盘	5.95	5.72	49.87	81.01	34.74	86.55	--	285.23
● 普通股票型基金	7.51	18.92	70.57	136.70	88.31	145.27	--	268.48
● 沪深300	5.04	14.62	44.60	68.56	28.16	83.40	--	84.74
● ■■×■■■量化小盘基准	-0.53	-4.88	24.07	42.69	5.87	11.12	--	41.05
同类排名	310/549	373/468	301/408	293/341	258/277	130/158	--	4/11

数据来源：Wind威尼斯摆渡人，截至2021-02-04

图3-11

从历史业绩来看，这只基金几乎已经可以归入业绩不佳的行列了，近五年的业绩已经成了同类产品中的落后分子。

为什么会发生这样的情况呢？

很简单，我们看一下这只基金基金经理的变化情况，见图 3-12。

■■×■■■量化小盘(■■■■×■■) - 基金经理

简历	姓名	任职日期	离任日期	性别	国籍	学历	出生年份
国	■■	2020-04-15	--	男	中国	本科	--
国	■■■	2018-03-14	2020-04-21	男	中国	硕士	--
国	■■×■	2018-03-14	2019-10-09	男	中国	硕士	--
国	■■■■	2015-05-21	2018-03-27	男	中国	博士	--
国	■■■■	2011-08-16	2015-05-21	男	中国	硕士	--
国	■■×■	2011-06-16	2013-04-08	男	中国	硕士	--

数据来源：Wind威尼斯摆渡人，截至2021-02-04

图3-12

现任基金经理的任职时间是从 2020 年 4 月 15 日开始的。这只产品近三年基金经理更换频繁。

我们再看一下年度的收益排名情况，见图 3-13。

年份	×××量化小盘	普通股票型基金	沪深300	市场综合评级	同类排名
2021	5.95	6.56	5.04	★ ★	310/549
2020	30.84	59.81	27.21	★ ★	344/403
2019	37.49	47.87	36.07	★ ★	236/337
2018	-27.03	-24.46	-25.31	★ ★ ★	171/272
2017	3.52	16.42	21.78	★ ★ ★ ★	156/200
2016	5.11	-10.85	-11.28	★ ★ ★ ★	17/148
2015	87.48	47.00	5.58	★ ★ ★ ★	3/54
2014	28.36	20.66	51.66	★ ★ ★	6/19
2013	28.24	17.54	-7.65	--	4/16
2012	5.63	5.54	7.55	--	4/12

图3-13

我们可以直观地发现，这只产品过往业绩最好的时段，是2013—2016年之间。后面的每年收益就相当普通了。

通过对以上这三只金牛基金的深度分析，我们发现好像只有×××消费行业这只金牛基金是值得投资的，另外两只都不太适合投资，因为这两只金牛基金的经理人选在近些年都出现了变动，在调换基金经理之后，近期的业绩表现并不尽如人意。

我们通过分析，发现金牛基金的评选，更多的是用基金的历史总业绩进行评价的。它并不会去看每只基金产品的基金经理是否在近期发生了变更，也不会去关注基金产品在变换基金经理后的业绩表现是否已经出现了趋势上的变化。

因此单凭金牛奖就直接去进行无脑跟投，这种做法是不可取的。同样的道理也适用于金基金奖基金和明星基金奖基金。

在实际的投资中，我们可以把金牛奖、金基金奖和明星基金奖获奖的产品作为我们进行初步筛选的产品池。在三大奖评选获奖的基础之上，再去自行进行二次筛选，看看到底有哪些获奖产品是符合我们自己投资筛选规则的。

　　大家一定要明白：金牛虽然权威，但是金牛只代表过去，并不代表现在和未来，金牛基金并不意味着就是最好的投资选择。金基金和明星基金亦是如此。

基金投资实战：
排名怎么看

在前面和大家介绍了用"5432"法则来根据历史业绩排名挑选主动管理型基金的技巧。

大家如果有进行实践的话，相信已经有了很多疑惑 —— 为什么同一只基金在不同网站上所看到的同类排名都不一样呢?

我们随便挑一只主动管理的股票型基金来举个例子，001171，工银养老产业股票型证券投资基金。

首先在大家平时使用频率很高的一个第三方平台上面来查一下这只基金的同类排名（见图3-14）:

从图3-14排名数据可以看到，这只产品的历史业绩都非常不错。

点进去看看这个网站的"同类排名"到底是把这只产品和哪些产品放在一起做的排名呢（图3-15）。

好吧，我们看出问题来了:

工银养老产业股票 阶段涨幅			
阶段涨幅	季度涨幅	年度涨幅	基金评级
周期	涨跌幅	同类平均	同类排行
近1周	5.36%	1.21%	137 | 1824 优秀
近1月	15.64%	0.60%	15 | 1769 优秀
近3月	23.73%	8.67%	74 | 1698 优秀
近6月	17.95%	9.72%	459 | 1611 良好
近1年	93.08%	46.68%	103 | 1405 优秀
近2年	216.72%	88.05%	40 | 1062 优秀
近3年	166.92%	48.01%	35 | 819 优秀
近5年	246.73%	89.15%	31 | 535 优秀
今年来	17.04%	3.52%	10 | 1767 优秀
成立来	112.20%	--	-- | --
成立日	2015-04-28		

数据截至2021-02-08

图3-14

工银养老产业股票 同类型基金		
全部基金 ▾	最新净值	近1周 ▾
14　汇添富中证生物科技指数C 501010	2.7146	+7.15%
15　汇添富内需增长股票C 007524	2.0232	+7.14%
16　创金合信消费主题股票A 003190	3.1230	+7.08%
17　创金合信消费主题股票C 003191	3.0674	+7.07%
18　富国中证消费50ETF 515650	1.8933	+7.04%
19　易方达中证万得生物科技指数(LOF)A 161122	1.0954	+7.00%
20　易方达中证万得生物科技指数(LOF)C 010572	1.0949	+7.00%

数据截至2021-02-08

图3-15

作为主动管理型股票基金，同类排名的基金中居然有ETF基金和指数基金，也就是说这个网站是把主动型股票基金和被动型股票基金（指数）归在了"同类"进行业绩排名。这肯定是有问题的。指数基金中不存在主动管理的因素，和主动管理型基金完全不能用同样的评价模式。

所以，我们可以得出结论：这个网站的同类排名数据是存在问题的，基金产品的分类不准，这样就造成同类排名数据是不正确的。

我们再换另一个大家常用的第三方基金App来看看同一只基金的同类排名结果如何（图3-16）。

＜ 历史业绩

时间区间	涨跌幅	同类排名
近一周	+5.36%	82 / 596
近一月	+15.64%	6 / 572
近三月	+23.73%	66 / 544
近六月	+17.95%	224 / 486
近一年	+93.08%	80 / 419
近两年	+216.72%	38 / 346
近三年	+166.92%	23 / 272
近五年	+246.73%	22 / 160
今年来	+17.04%	10 / 572
成立以来	+112.20%	-- / --

数据截至2021-02-08

图3-16

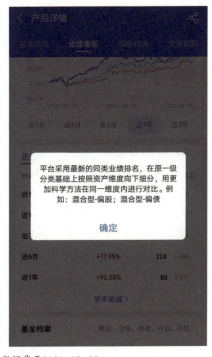

数据截至2021-02-08

图3-17

很明显，图 3-16 这个 App 上同类排名的分母明显小于前面那个网站上的数据。为什么会这样呢？我发现这个 App 没有办法直接展示"同类"的详细产品列表，但是有一个关于"同类产品"的弹出说明框（图 3-17）。

从这个说明来看，图 3-17 这个 App 对于同类基金的定义相比第一个网站就已经专业了不止一点点了，这个排名数据的可信度要高很多。尤其是对混合型中的偏股和偏债做了区分，这对于我们挑选混合型基金提供了非常大的便利。

因此，我们会在不同平台看到同一只基金的不同排名数据，是由于不同平台上的"同类基金"的划分是不一样的。

截至 2021 年 2 月 5 日，我国市场上的公募基金数量总计为 11294 只（数据来源：银河证券）。这个 11294 只是把同一只基金的 A 款、C 款等各种款都单独进行计算的。

在证监会口径下，公募基金被分为了以下几个大类，分别是股票型基金、混合型基金、债券型基金、货币型基金、QDII 型基金、封闭式基金以及短期理财债券型基金。

这意味着，按照证监会的口径，一万多只基金产品只分为了七个大类而已，并没有二级分类。

在证监会分类口径之下的股票型基金数量目前是 1904 只（数据来源：Wind，截至 2021-02-08），这个分类中包括了主动管理型和指数型，如果直接按照一级分类排名，分母就是 1904，天天基金就是采用的这个分类数据。

而证监会分类口径下的混合型基金，目前的总数是 4805 只，债券型基金的总数为 3762 只（数据来源：Wind，截至 2021-02-08）。

大家可以参照以上的证监会分类的各类基金总数去看不同平台上的"同类排名"的分母项，如果你看到的分母和上面的数据非常接近，那我就要告诉你，这个平台的同类排名数据是不准确的。

在本书前面的章节中，我有给大家详细介绍过基金的分类，单混合型基金就有偏股型、偏债型、灵活配置型、平衡型的区别，而债券型基金也有纯债、二级债的区别，怎么能够混在一起进行排名呢？

因此真正有价值的同类排名数据，是一定要往下进行二级分类的。还有些更加专业的基金评价机构，可能还有三级分类。

分类分得越细，在每一个同类群组里面的标的就会变得越少，同类排名的分母数字就会变得越小。

所以在不同分类口径之下，同一个产品的同类排名就会出现差异。我们不能随便拿一个同类排名数据就作为参照，而是要去了解这个数据是基于什么层级的基金分类得出来的结果。

我平时用得最多的数据库工具是 Wind，Wind 对于开放式基金就有二级分类，它的分类体系是这样子的，见图 3-18。

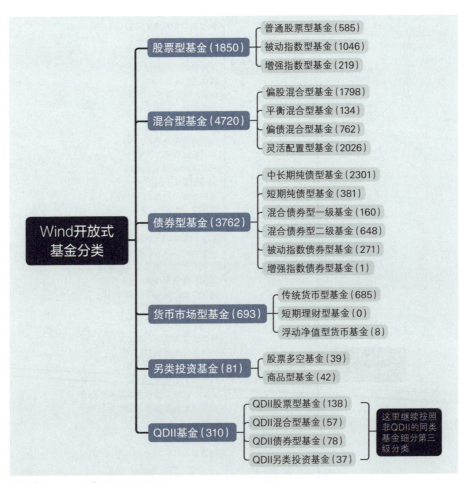

数据来源：Wind，截至2021-02-08

图3-18

上面每一分类后面的数字代表着整个类别的基金产品数量。

我们日常的同类排名基本上是用二级分类，QDII作为一个额外的大分类，还有三级分类的必要。

当然，因为Wind并没有获得证监会的官方认证，所以它所提供的相关排名数据只能作为一个非官方的参考。

我们来看一下被证监会认可基金评价资质的中国银河证券对于基金的分类又是怎样的，见图3-19。

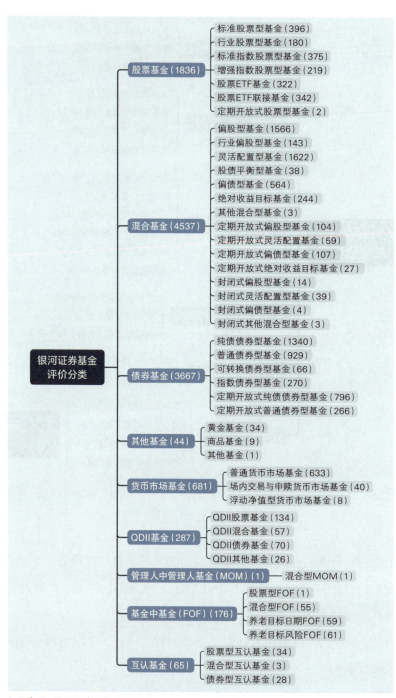

银河证券基金评价分类

股票基金（1836）
- 标准股票型基金（396）
- 行业股票型基金（180）
- 标准指数股票型基金（375）
- 增强指数股票型基金（219）
- 股票ETF基金（322）
- 股票ETF联接基金（342）
- 定期开放式股票型基金（2）

混合基金（4537）
- 偏股型基金（1566）
- 行业偏股型基金（143）
- 灵活配置型基金（1622）
- 股债平衡型基金（38）
- 偏债型基金（564）
- 绝对收益目标基金（244）
- 其他混合型基金（3）
- 定期开放式偏股型基金（104）
- 定期开放式灵活配置基金（59）
- 定期开放式偏债型基金（107）
- 定期开放式绝对收益目标基金（27）
- 封闭式偏股型基金（14）
- 封闭式灵活配置型基金（39）
- 封闭式偏债型基金（4）
- 封闭式其他混合型基金（3）

债券基金（3667）
- 纯债债券型基金（1340）
- 普通债券型基金（929）
- 可转换债券型基金（66）
- 指数债券型基金（270）
- 定期开放式纯债债券型基金（796）
- 定期开放式普通债券型基金（266）

其他基金（44）
- 黄金基金（34）
- 商品基金（9）
- 其他基金（1）

货币市场基金（681）
- 普通货币市场基金（633）
- 场内交易与申赎货币市场基金（40）
- 浮动净值型货币市场基金（8）

QDII基金（287）
- QDII股票基金（134）
- QDII混合基金（57）
- QDII债券基金（70）
- QDII其他基金（26）

管理人中管理人基金（MOM）（1）
- 混合型MOM（1）

基金中基金（FOF）（176）
- 股票型FOF（1）
- 混合型FOF（55）
- 养老目标日期FOF（59）
- 养老目标风险FOF（61）

互认基金（65）
- 股票型互认基金（34）
- 混合型互认基金（3）
- 债券型互认基金（28）

数据来源：银河证券，截至2021-02-05

图3-19

相信大家看到银河证券的这个分类表都会有点头晕吧！是的，一级分类就有 9 个，二级分类已经有 46 个了，这个分类比前面的 Wind 细了不止一点。

而且，银河证券的基金分类还有三级分类，三级类别高达 161 个，这里就不给大家罗列出来了。在银河证券三级分类中，把不同基金 A 款和非 A 款做了区分的排名，根据不同细分行业对行业基金也做了区分的排名。

但是分类分得越细，到最后单独的某一个类别内的产品数量就越少，同类排名的分母就越小。这个分母小到一定程度，同类排名也就没有实际意义了。

因此我在这里也要特别提醒大家，以后在进行基金投资的时候，当你看到很多基金销售渠道或者基金公司所提供的基金产品营销广告，当你看到广告上标注某个基金经理的过往产品业绩排在同类的第一名的时候，你一定要去关注一下这个"同类第一"的分母数字到底是多大。

如果你看到分母只是很小的数字，那很有可能相关机构采用的数据就是银河证券三级分类的数据 —— 这个"第一"的水分就比较大了，就好像平时我们说的段子：我这次考试考得不错啊，排名全班第三，结果班上总共就三个人。

这也是为什么在市场上大家经常看到各种基金和基金经理"排名第一""历史业绩优异"的信息，其实很多是在分类数据上面玩了一些花样。大家看完这一章后，以后再看到这样的基金宣传信息，就拿上面的银河证券二级分类对照着看一下，数字显著小于上面所展示的二级分类基金数量，就说明这些宣传材料用的是三级分类数据了。

讲了这么多，对于基金的"同类排名"数据，不同的网站，不同的平台，你都会看到不同的结果。

"5432"原则准确的用法是用在基金二级分类排名数据上，但是因为大家平时看到的同类排名数据可能都是不尽准确的，所以"5432"原则在

很大程度上面也只能作为我们选择基金时的一个参考指标，而不能把它当成唯一的指标。

在很多时候，"5432"法则更适用于那些非行业主题类的宽赛道主动型基金。

因为行业轮换，一般的行业主题类的主动管理型基金也很难连续五年都有非常靠前的表现，它们是比较难满足"5432"法则的。

Chapter 3

基金投资实战技巧：
在哪儿买基金

一直以来都有很多的朋友经常会问我："老师，您帮我看一看在这个机构上面买基金是不是安全的。"

还有些朋友就经常问我："老师，您给我推荐一下在哪里买基金比较安全，比较放心。"

对于从来没有进行过基金投资的人来说，要把真金白银拿出来买基金，安全肯定是第一位的。不说投资是否能够赚钱，至少掏出去的钱必须是真正投资到了自己想要的基金产品，而不是被挪作了他用。

目前在我国到底在哪些渠道买基金是安全的？

首先要跟大家讲明一点：**不是什么样的机构都可以代销基金的**。

基金属于金融行业，资金的安全最为重要。没有经过证监会认可颁发基金代销牌照的机构和平台，我建议大家一定不要在上面进行任何投资，因为这样做风险极大。你投进去的钱是不是真正参与了基金的投资都很难讲。

那哪些机构属于正规的基金代销机构呢？

大家如果看到比较陌生的平台，不妨先到中国证监会的网站上把这家机构的名称输进去查一查，看能否查得到。有牌照的代销机构都可以查得到。

查询的路径给大家做个引导：

第一步：登录证监会的网站，在"服务"栏目中，点选"业务资格"，见图 3-20。

图3-20

第二步：在"基金业务资格"栏目处，点击"更多"，见图 3-21。

图3-21

第三步：在左边的菜单栏中选择"基金销售资格"就可以查看所有代销机构的业务资格批复公示了，见图 3-22。

图3-22

如果大家不想在几百家机构里面翻查，可以在图 3-22 页面的最上方，输入你想要查找的代销机构名称的关键字，搜索即可，见图 3-23。

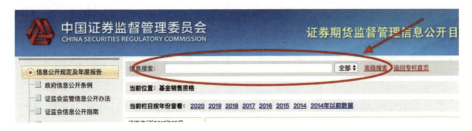

图3-23

目前证监会网站有一个截至 2016 年 9 月的汇总名录，见图 3-24。

图3-24

大家在获得了证监会官方备案基金销售资格的机构上进行基金的投资是比较安全的。

目前全国拥有基金代销资格的机构加起来有 465 家（数据来源：Wind，截至 2021-02-09）。这里讲到的是基金代销，**基金公司一般都有自己的直销平台，可以进行各自公司自有基金的销售，**除基金公司直销平台以外的其他基金销售机构都算代销机构。

在我国，大多数的基金产品都是通过代销渠道销售的。在 465 家代销机构中，首要的一个大类就是银行，银行的代销渠道在全国总共有156家，这也应该是大家平时用得最多的投资渠道。全国性银行代销机构有18家（表3-8），大家看着应该都非常熟悉了，不同规模的银行，代销的产品数量以及合作的基金公司数量的差别非常大。

表3-8

基金代销机构	机构类型	代销基金（只）	代销基金公司（家）
交通银行股份有限公司	国家商业银行	3,322	108
招商银行股份有限公司	国家商业银行	3,264	96
中国银行股份有限公司	国家商业银行	2,692	90
上海浦东发展银行股份有限公司	国家商业银行	2,505	87
中国工商银行股份有限公司	国家商业银行	2,443	115
中国建设银行股份有限公司	国家商业银行	2,218	84
中国民生银行股份有限公司	国家商业银行	2,156	85
中信银行股份有限公司	国家商业银行	2,109	84
中国农业银行股份有限公司	国家商业银行	1,940	85
兴业银行股份有限公司	国家商业银行	1,790	101
渤海银行股份有限公司	国家商业银行	1,519	40
中国邮政储蓄银行股份有限公司	国家商业银行	1,353	69
广发银行股份有限公司	国家商业银行	1,311	42
中国光大银行股份有限公司	国家商业银行	1,111	86
华夏银行股份有限公司	国家商业银行	1,036	72
浙商银行股份有限公司	国家商业银行	550	43
恒丰银行股份有限公司	国家商业银行	317	15
海南银行股份有限公司	国家商业银行	11	1

除了全国性银行之外，城商行、农商行以及某些外资银行近些年也陆续开始进行公募基金的代销，这些机构总数为138家，代销基金数量在400只以上的有30家，见表3-9。

表3-9

基金代销机构	机构类型	代销基金（只）	代销基金公司（家）
平安银行股份有限公司	城市商业银行	3,051	97
宁波银行股份有限公司	城市商业银行	1,745	71
江苏银行股份有限公司	城市商业银行	1,582	52
东莞农村商业银行股份有限公司	农村商业银行	1,462	26
苏州银行股份有限公司	城市商业银行	1,146	21
江苏江南农村商业银行股份有限公司	农村商业银行	1,129	26
上海银行股份有限公司	城市商业银行	1,120	54
上海农村商业银行股份有限公司	农村商业银行	1,026	25
北京银行股份有限公司	城市商业银行	934	51
杭州银行股份有限公司	城市商业银行	757	28
深圳前海微众银行股份有限公司	城市商业银行	732	52
泉州银行股份有限公司	城市商业银行	732	17
东莞银行股份有限公司	城市商业银行	724	19
青岛银行股份有限公司	城市商业银行	690	24
晋商银行股份有限公司	城市商业银行	688	21
南京银行股份有限公司	城市商业银行	667	33
北京农村商业银行股份有限公司	农村商业银行	655	13
中原银行股份有限公司	城市商业银行	604	20
大连银行股份有限公司	城市商业银行	599	18
四川天府银行股份有限公司	城市商业银行	564	15
西安银行股份有限公司	城市商业银行	547	13
河北银行股份有限公司	城市商业银行	541	12
包商银行股份有限公司	城市商业银行	513	21
哈尔滨银行股份有限公司	城市商业银行	509	16
广州农村商业银行股份有限公司	农村商业银行	496	21
天津银行股份有限公司	城市商业银行	457	14
徽商银行股份有限公司	城市商业银行	434	17
广东顺德农村商业银行股份有限公司	农村商业银行	432	16
江苏苏州农村商业银行股份有限公司	农村商业银行	411	10
嘉兴银行股份有限公司	城市商业银行	403	11

除银行之外，第二个比较大的代销渠道类别就是证券公司，证券公司目前总共有124家拥有公募基金的代销资格。基本上，大家平时见到的证券公司都有公募基金的代销资格，由于数量太多，我仅展示代销基金产品数量在2500只以上的券商机构，总共有43家，见表3-10。

表3-10

基金代销机构	机构类型	代销基金（只）	代销基金公司（家）
中信建投证券股份有限公司	证券公司	5,250	126
中信证券股份有限公司	证券公司	5,120	124
中信证券（山东）有限责任公司	证券公司	5,066	124
中国银河证券股份有限公司	证券公司	4,524	121
平安证券股份有限公司	证券公司	4,427	108
中信证券华南股份有限公司	证券公司	4,404	121
安信证券股份有限公司	证券公司	4,364	108
光大证券股份有限公司	证券公司	4,307	108
申万宏源证券有限公司	证券公司	4,249	118
中泰证券股份有限公司	证券公司	4,158	112
国泰君安证券股份有限公司	证券公司	3,977	117
长江证券股份有限公司	证券公司	3,824	95
东方财富证券股份有限公司	证券公司	3,685	113
申万宏源西部证券有限公司	证券公司	3,655	116
海通证券股份有限公司	证券公司	3,653	113
招商证券股份有限公司	证券公司	3,633	117
信达证券股份有限公司	证券公司	3,630	97
东海证券股份有限公司	证券公司	3,591	97
国金证券股份有限公司	证券公司	3,562	99
华泰证券股份有限公司	证券公司	3,312	108
第一创业证券股份有限公司	证券公司	3,255	84
长城证券股份有限公司	证券公司	3,245	97
国信证券股份有限公司	证券公司	3,233	101
广发证券股份有限公司	证券公司	3,174	115
中国国际金融股份有限公司	证券公司	3,088	91

续表

基金代销机构	机构类型	代销基金（只）	代销基金公司（家）
东北证券股份有限公司	证券公司	3,086	91
华安证券股份有限公司	证券公司	3,042	91
国都证券股份有限公司	证券公司	3,040	84
华鑫证券有限责任公司	证券公司	2,968	96
渤海证券股份有限公司	证券公司	2,898	84
中国中金财富证券有限公司	证券公司	2,889	90
上海证券有限责任公司	证券公司	2,814	88
万联证券股份有限公司	证券公司	2,802	93
华福证券有限责任公司	证券公司	2,730	93
华龙证券股份有限公司	证券公司	2,718	81
西南证券股份有限公司	证券公司	2,714	85
兴业证券股份有限公司	证券公司	2,656	104
华西证券股份有限公司	证券公司	2,636	82
粤开证券股份有限公司	证券公司	2,582	90
大同证券有限责任公司	证券公司	2,572	79
东吴证券股份有限公司	证券公司	2,570	87
中山证券有限责任公司	证券公司	2,527	89
华融证券股份有限公司	证券公司	2,512	78

数据来源：Wind，截至2021-02-09

银行和证券公司是比较传统的基金代销机构，大家平时用得比较多，也比较放心。

而现在大家用得很多的网络基金代销机构是我们俗称的"第三方销售平台"。

第三方代销机构包括了大家平时用得很多的如支付宝、天天基金网等渠道。

第三方基金销售机构目前总共有141家，其中代销基金产品在2500只以上的总共有30家（见表3-11），因为它们所代销的基金数量足够大，因此大家用来进行基金投资也非常方便。

表3-11

基金代销机构	机构类型	代销基金（只）	代销基金公司（家）
上海天天基金销售有限公司	独立基金销售机构	5,788	150
珠海盈米基金销售有限公司	独立基金销售机构	5,404	133
上海好买基金销售有限公司	独立基金销售机构	5,372	138
蚂蚁（杭州）基金销售有限公司	独立基金销售机构	5,274	134
浙江同花顺基金销售有限公司	独立基金销售机构	5,178	126
上海陆金所基金销售有限公司	独立基金销售机构	5,070	129
北京肯特瑞基金销售有限公司	独立基金销售机构	5,046	127
北京汇成基金销售有限公司	独立基金销售机构	4,875	122
上海基煜基金销售有限公司	独立基金销售机构	4,667	125
北京蛋卷基金销售有限公司	独立基金销售机构	4,643	110
深圳众禄基金销售股份有限公司	独立基金销售机构	4,495	106
上海长量基金销售有限公司	独立基金销售机构	4,362	119
诺亚正行基金销售有限公司	独立基金销售机构	4,242	116
南京苏宁基金销售有限公司	独立基金销售机构	4,139	105
上海联泰基金销售有限公司	独立基金销售机构	4,106	113
上海利得基金销售有限公司	独立基金销售机构	3,679	103
上海万得基金销售有限公司	独立基金销售机构	3,604	83
北京恒天明泽基金销售有限公司	独立基金销售机构	3,363	79
奕丰基金销售有限公司	独立基金销售机构	3,301	88
北京百度百盈基金销售有限公司	独立基金销售机构	3,299	69
嘉实财富管理有限公司	独立基金销售机构	3,279	80
中证金牛（北京）投资咨询有限公司	独立基金销售机构	3,248	76
上海挖财基金销售有限公司	独立基金销售机构	3,081	78
江苏汇林保大基金销售有限公司	独立基金销售机构	3,016	101
北京新浪仓石基金销售有限公司	独立基金销售机构	2,862	65
北京虹点基金销售有限公司	独立基金销售机构	2,803	67
北京展恒基金销售股份有限公司	独立基金销售机构	2,705	74
宜信普泽（北京）基金销售有限公司	其他	2,657	60
和耕传承基金销售有限公司	独立基金销售机构	2,592	60
北京植信基金销售有限公司	独立基金销售机构	2,586	85

数据来源：Wind，截至2021-02-09

以上这些基本属于头部的独立基金销售机构，相信也是大家平时用得比较多的渠道。

选择第三方机构的时候，建议大家尽量选择规模比较大的第三方。规模大的平台，代销产品的种类会更多一些，所代销的基金公司数量也更多一些，这样在选择产品的过程中就更加方便。

我看了一下数据，有很多小的第三方机构可能只代销了十几或几十只基金产品，代销基金公司的数量在 10 家以内。如果在这些机构进行基金投资，产品选择面就特别小。

而且小的第三方还存在一种风险，那就是经过几年之后，发现没有办法把自己的业务做大，很有可能就会离开这个市场，如果这个时候你在这个平台上面进行了基金投资，还有可能需要被动地进行转托管的操作，多了一些不必要的麻烦。

除了前面讲到的银行、证券公司、独立的第三方之外，还有些保险公司、期货公司和证券咨询公司也有代销基金的牌照，但是因为这些机构都不是市场的主流渠道，所以就不给大家做详细的介绍了。我只给大家展示一下代销基金产品数量在 1000 只以上的相关机构，见表 3-12。

表3-12

基金代销机构	机构类型	代销基金（只）	代销基金公司（家）
中信期货有限公司	期货公司	4,472	113
深圳市新兰德证券投资咨询有限公司	证券投资咨询机构	3,922	95
和讯信息科技有限公司	证券投资咨询机构	2,910	82
阳光人寿保险股份有限公司	保险公司	2,523	75
中国人寿保险股份有限公司	保险公司	2,377	50
玄元保险代理有限公司	保险公司	2,135	45
天相投资顾问有限公司	证券投资咨询机构	1,561	52
华瑞保险销售有限公司	保险公司	1,216	42
厦门市鑫鼎盛控股有限公司	证券投资咨询机构	1,179	36

以上这些渠道，就是正规且常见的合法基金代销渠道，再加上基金公司自己的直销渠道，就是我们平时投资基金可以选择的渠道范围了。

总之，大家记住一点：如果有人推荐一个你自己从来没有听说过的交易平台，让你去进行公募基金的投资，我建议你先到中国证监会的网站上面去查一查，看看这个代销机构是不是拥有正规的基金代销牌照。千万不要只被相关网站平台的优惠活动或者是营销方案给吸引了，就贸然转入资金投资，毕竟投资最重要的还是资金的安全。

只有在保证资金安全的前提之下，我们才能够放心地去进行后面的投资。

基金投资实战技巧：
在哪里买基金最便宜

　　说到买基金，大家以前经常会诟病基金公司是"旱涝保收"，哪怕基金最后亏钱了，该收的费用一点都没有少收，所以很多人认为基金亏钱就不应该收费。

　　于是，基金行业后来有了"浮动管理费率"的尝试，也就是亏钱了少收甚至不收管理费，但是如果赚钱了，随着赚钱的比例越高，收取的管理费就越多 —— 结果又有人跳出来说这样子不合理，凭什么我出的本金，赚多了你就要多收我的钱？

　　不管怎么样，公募基金的收费都是我们投资基金的成本，如何有效地降低投资成本，是必须考量的问题。要降低成本，我们得先知道公募基金到底有哪些收费项目。

　　我们进行公募基金投资的时候，都会先被收取交易费用，也就是认购费、申购费。

　　认购费是指投资者在基金发行募集期内购买基金单位时所交纳的手续费。而申购费是指投资者在基金成立后的存续期间，基金处于申购开放状态时，向基金管理人购买基金份额时所支付的手续费。

　　也就是说，认购费跟申购费两者本质上的意义是一样的，只不过认购费是针对新发基金的收费，而申购费是针对老基金的收费。

我们看一张基金的费率表，见图 3-25。

1. 认购费用

本基金A类基金份额收取认购费用，C类基金份额不收取认购费用。投资人在一天之内如果有多笔认购，适用费率按单笔分别计算。

本基金的认购费率

金额(M)	A类认购费率	C类认购费率
M<100万元	1.20%	0.0%
100万元≤M<500万元	0.50%	
M≥500万元	1000元/笔	

2. 申购、赎回费用

本基金A类基金份额收取申购费用，C类基金份额不收取申购费用。投资者的申购费用如下：

本基金的申购费率

金额(M)	A类申购费率	C类申购费率
M<100万元	1.50%	0.00%
100万元≤M<500万元	0.60%	
M≥500万元	1000元/笔	

本基金的申购费用由投资人承担，主要用于本基金的市场推广、销售、登记等各项费用，不列入基金财产。

图3-25

我们可以看到，同一只基金的认购费率一般会比申购费率低。但是认购费率仅在基金产品新发募集期适用，之后在基金的存续期内，投资这只基金是按照基金的申购费率来进行费用的收取。

对于认购或申购费率，一般采用的是级差费率，也就是根据投资资金量的大小，费率设置有不同的档次。其实就像我们平时买卖中的零售和批发的价格差别一样，买的量大，相当于批发，费率就低，而买的量少，就是零售，费率就高。

同时因为申购费针对的是老基金，所以申购费也存在着前端跟后端两种收费模式。

前端收费就是在投资基金时，先行扣除申购费，剩下的部分参与基金投资。后端收费就是在投资的时候先不收取申购费用，所有资金都先参与基金投资，等到投资者申请赎回基金份额的时候，再计算后端申购费用，和赎回费一并扣除后，把剩下的资金返还投资者。

这里讲到公募基金的另外一个费用：赎回费。

赎回费率见下表:

基金份额期限(Y)	A类赎回费率	C类赎回费率
Y<7日	1.50%	1.50%
7日≤Y<30日	0.75%	0.5%
30日≤Y<6个月	0.5%	0.00%
Y≥6个月	0%	

注: 1个月指30日

本基金的赎回费用由基金份额持有人承担。对持续持有期少于30日的A类及C类基金份额投资人收取的赎回费全额计入基金财产;对持续持有期30日(含) 且少于90日 (不含)的A类基金份额持有人所收取赎回费用总额的75%计入基金财产;对持有期在90日以上(含)且少于180日(不含) 的A类基金份额持有人所收取赎回费用总额的50%计入基金财产。

图3-26

赎回费的设置就不是按照金额设置级差费率了，一般是按照投资者持有基金投资的时间长短来进行不同费率的计算收取。持有基金的时间越长，所收取的赎回费就会越低。当我们持有基金达到一定年限之后，赎回费就减免为零了。在图 3-26 这个例子中，持有满 6 个月就已经不用再收取赎回费了。

赎回费根据持有时长进行递减的设置，体现了鼓励长期投资的理念。

是不是所有的基金都有认购或申购费和赎回费需要收取呢？

不一定的。比如在图 3-25、图 3-26 中，我们就看到"C 类基金份额"的认购或申购费率和赎回费率都为 0。一般基金如果有 C 类份额，都会是同样的设置 —— 相信很多人要有疑问了：既然 C 类份额可以节省费用，岂不是最好的投资选择？

关于不同类基金份额究竟是什么意思，在后面会有一章给大家详细介绍，所以这里先不详细讲 C 类份额是什么了。

我要告诉大家的是：C 类基金份额和货币市场基金都是没有申购费，也没有赎回费用的。但是这些没有认购或申购费和赎回费的基金，都会被额外收取一个运作费用 —— 销售服务费。

图 3-27 就是上面这只基金的管理费、托管费和 C 类份额销售服务费的费率。

3. 管理费率、托管费率及C类基金份额的销售服务费

管理费率	1.50%
托管费率	0.25%
C类基金份额的销售服务费	0.50%

图3-27

我们再来看看货币市场基金的费率表，见图 3-28。

1. 除法律法规另有规定或基金合同另有约定外, 本基金不收取申购费用与赎回费用。

2. 管理费率、托管费率和销售服务费率

管理费率	0.27%
托管费率	0.05%
销售服务费	0.25%

图3-28

作为基金的运作费用，销售服务费和基金管理费及托管费一样，都是按日计提的，在每个交易日公布的基金净值，其实是将每日的基金运作费用扣除之后的值。

所以我们进行基金交易操作的时候，是感受不到基金运作费用存在的。

基金管理费和托管费是所有基金共有的运作费用，而销售服务费一般只是基金的 C 类份额及货币市场基金才会有的运作费用。持有时间越长，收取的费用也就越多。

基金管理费根据基金产品类型的不同，有高有低，管理费水平最高的是主动管理股票型基金。管理费率最低的基金一般是场内的 ETF 基金。

为了资金的安全，所有基金管理公司都不能够直接接触客户的资金，必须把基金的资产托管在具有托管资格的相关机构里。在我国，最大的托管机构是商业银行，现在也有越来越多的证券公司拥有了公募基金的托管资格。

基金托管机构要履行监督基金管理人——也就是基金公司相关的投资是否合法合规的职责，并且要保证所托管的基金资产的安全。

既然托管机构做了这些事情，就需要收取托管费，这个费用跟管理费、销售服务费一样都是在每天公布净值之前就已经进行了相应的扣减。

近些年来，很多基金公司为了提升市场竞争力，都会把管理费进行调降，所以大家在进行同类基金产品选择的时候，可以去比较一下不同产品的管理费率，若产品本身没有太大的好坏之分，那么挑选管理费更低的，就可以节省投资成本。

现在基金的营销市场竞争更加激烈，不同的基金销售渠道为了抢占市场份额，往往会对基金的申购费用进行打折。对此，大家可以多多进行比较，因为同一只基金产品，在不同销售渠道的费率差距可能高达 10 倍！

很多商业银行渠道的基金投资、基金定投申购费是按照基金合同所载费率的原价收取，但是有些银行会在某一个时段实行基金交易手续费的打折促销——这就需要我们去主动收集相关的信息。

很多第三方基金销售平台一直是按照基金合同费率的一折来收取基金申购费的，相比银行的收费水平，差别就很大了。

更重要的是，还有不少基金公司的官方 App 和官网支持先申购货币基金，然后便可以零费率转申购同公司其他基金产品，比第三方基金销售平台更加优惠。

因此，不同销售渠道针对基金交易费用的优惠差别很大。当然，银行虽

然收费最高，但是因为银行有专业的理财经理可以给投资者提供专业的服务和投资建议，所以费用更高一些也是在情理之中的。在网络平台和基金公司 App 上进行基金的投资，是没有专人进行服务的，一切都靠自己，所以费用就更加便宜一些。大家可以根据自己的实际需要来进行不同渠道的选择。

随着市场竞争越来越激烈，基金整体费率呈下降的趋势。

大家未来在进行公募基金投资的过程中，会逐渐享受到费率下降所带来的额外收益，这对于所有基金投资者而言，绝对是好消息。

搞清楚不同字母代表的基金份额

在上一章节中，我们说到了基金的 A 类份额和 C 类份额，特别强调了 C 类份额的不同收费方式。

我们在选择基金产品进行投资的时候，发现有很多的基金下面会有不同类别的份额，有 A、B、C 类份额的差别，甚至于有些产品可能还有 D、E 类份额。

基金产品后面所跟的这个 A/B/C 代表的是什么意思呢？

首先，我们要明确一个概念，同一只基金的所有份额，不管是用什么字母代表，最终都是统一进行投资管理的，没有本质上的差别。不同字母一般代表的就是同一只基金的不同收费方式而已。

我们用一只基金来做例子。

我们在基金公司的官网上搜索目标基金的关键字，可以看到同一个名字的基金有三个，见图 3-29。

基金		类型
♡	▨▨▨▨▨ 债券A （050016）	债券型
♡	▨▨▨▨▨ 债券B （051016）	债券型
♡	▨▨▨▨▨ 债券C （050116）	债券型

图3-29

我们可以看到，基金名称都是一样的，但是分了 A、B、C 三种不同的份额。

这三个不同英文字母所代表的份额，差别在于进行投资的时候，收费的模式是不一样的。

A 类份额就是前端收费份额。在上一章节中，我和大家介绍过，我们投资的钱，先要扣除认购或申购费，剩下的部分，用来进行投资。

而 B 类份额就是后端收费份额。在投资的时候，先不收取认购或申购费，所有资金都用来投资。等到将来我们赎回基金的时候，再根据费率表计算后确认认购或申购费，扣除后将剩下的资金返还给我们。

C 类份额没有任何的认购或申购费，但相比 A、B 份额，需要额外多收销售服务费。

我们来看看这只基金的具体费率结构，见图 3-30、图 3-31。

认购费率:

A类基金份额	
认购金额(M)	前端认购费率
M<100万元	0.60%
100万元≤M<300万元	0.40%
300万元≤M<500万元	0.20%
M≥500万元	1000元/笔
B类基金份额	
持有期限(Y)	后端认购费率
Y<1年	0.80%
1年≤Y<2年	0.60%
2年≤Y<3年	0.20%
Y≥3年	0%
C类基金份额	
认购费率	0%

注: 1年指365天。

图3-30

申购费率:

A类基金份额	
申购金额(M)	前端申购费率
M<100万元	0.80%
100万元≤M<300万元	0.50%
300万元≤M<500万元	0.30%
M≥500万元	按笔收取,1000元/笔
B类基金份额	
持有年限(Y)	后端申购费率
Y<1年	1.00%
1年≤Y<2年	0.70%
2年≤Y<3年	0.30%
Y≥3年	0%
C类基金份额	
申购费率	0%

注: 1年指365天。

图3-31

　　从认购或申购费率来看,我们会发现,B 类份额持有时间越长,费率越低,当持有时间大于等于三年,后端的申购费就已经变成零了,这也体现了鼓励进行长期投资的理念。

　　C 类份额是没有申购费的,看上去是不是觉得比 A 类和 B 类份额都要更划算呢?

　　我们再看一下赎回费率,见图 3-32。

赎回费率:

A类/B类基金份额	
持有年限(Y)	赎回费率
Y<7天	1.50%
7天≤Y<1年	0.10%
1年≤Y<3年	0.05%
Y≥3年	0%
C类基金份额	
持有年限(Y)	赎回费率
Y<7天	1.50%
7天≤Y<30天	0.75%
Y≥30天	0%

注: 1年指365天。

图3-32

由于证监会现在鼓励所有投资者进行基金的长期投资，不赞成超短期的基金买卖炒作，因此对于持有期很短的投资者，要求基金公司必须收取"短期交易赎回费"。

在这只基金合同中，对于"短期交易赎回费"是这么规定的："本基金A类/B类/C类基金份额赎回费率最高不超过赎回金额的5%，C类份额对持有期限少于30日的本类别基金份额的赎回费率不少于0.75%，其中，对持续持有期限少于7日的任一类别的基金份额持有人收取不低于1.5%的赎回费，前述费用不与其他的短期交易赎回费重复收取。"

短期交易赎回费的标准如下：

（1）对于持续持有期少于7日的投资人，收取不低于赎回金额1.5%的赎回费；

（2）对于持续持有期少于30日的C类份额投资人，收取不低于赎回金额0.75%的赎回费。

不管是哪一类份额，都特别提示，这个"7日"和"30日"指的是自然日，而非交易日。

那么这个短期交易赎回费是不是给基金公司的呢？其实并不是这样的。

针对持有少于 7 天的投资者所收取的赎回费，将全额计入基金资产——说白了就是，这个钱收了之后归没有赎回的那些投资者共同享有。

我们看一下基金公司官网上的说明：

投资人可将其持有的全部或部分基金份额赎回。赎回费用由赎回基金份额的基金份额持有人承担，在基金份额持有人赎回基金份额时收取。不低于赎回费总额的 25% 应归基金财产，其余用于支付登记费和其他必要的手续费。

其中，对持续持有期少于 7 日的投资者收取的赎回费全额计入基金财产。对于持有期限少于 30 日的 C 类基金份额所收取的赎回费全额计入基金财产。

如果持有期在 7 天到 30 天之间——也就是持有期在一个月之内就进行赎回，这时 C 类份额需要收取 0.75% 的赎回费，而 A、B 两类份额的赎回费率为 0.10%。

如果持有期在 30 天以上，那么 C 类份额从此再不用收任何的赎回费了；而持有期在 1 年以内，A、B 两类份额还是继续要收取 0.1% 的赎回费；持有期在 1～3 年内，A、B 两类份额收取 0.05% 的赎回费用；持有期达到 3 年以上，A、B 两类份额才变成零赎回费。

所以，我们如果单单看申购费和赎回费等交易费用，就会发现其实 C 类份额是不错的。首先申购费为零，只要持有期超过了一个月，赎回费也为零——而且有不少基金的 C 类份额持有期只要在 7 天以上，赎回费率就已经归零了。

看到这里，我相信很多朋友会想：那我投资基金肯定就选 C 类。

别着急，还有很重要的收费在下面，就是基金的运作费用，见图 3-33。

C类基金份额的销售服务费率：

销售服务费率	0.35%

注：1年指365天。

管理费率和托管费率：

管理费率	0.70%
托管费率	0.20%

图3-33

不管是什么类型的基金份额，都要收取的费用有管理费和托管费。

而 C 类基金份额需要额外收取的费用：每年 0.35% 的销售服务费。

那这个 0.35% 怎么收呢？

"基金销售服务费每日计提，逐日累计至每个月月末，按月支付。由基金托管人根据与基金管理人核对一致的财务数据，基金托管人复核后于次月首日起 5 个工作日内从基金资产中一次性支付给登记机构，由登记机构代付给销售机构。若遇法定节假日、公休假等，支付日期顺延。"

基金销售服务费按前一日 C 类基金份额的基金资产净值的 0.35% 年费率计提。

计算方法如下：

H=E × 0.35% ÷ 当年天数。

H 为 C 类基金份额每日应计提的销售服务费。

E 为 C 类基金份额前一日基金资产净值。

管理费、托管费跟 C 类基金份额的销售服务费这三个基金运作费用都是在每个交易日基金净值公布之前就进行了扣除。

因此，基金公司在公布同一只基金 A/B 类份额净值跟 C 类基金份额净值的时候，两者之间是有差距的。

一般来讲，A/B 类基金份额的净值会高于 C 类基金份额的净值，这个差值就是按日扣除的销售服务费，见图 3-34。

基金	类型	单位净值	
♡ ▓▓▓▓▓▓ 债券A (050016)	债券型	1.420 02-10	
♡ ▓▓▓▓▓▓ 债券B (051016)	债券型	1.420 02-10	
♡ ▓▓▓▓▓▓ 债券C (050116)	债券型	1.405 02-10	

图3-34

我们可以总结一下基金的 A、B、C 三类份额到底分别适合什么样的投资者。

A 类份额、B 类份额代表前端收费跟后端收费两种模式，后端收费是鼓励大家长期持有，我们持有的时间越长，相对而言申购费也就越低。

如果我们的基金持有时间少于一年，或者说在一年到两年之内，其实这个时候选择前端收费比选择后端收费更合适一些，也就是选 A 类份额投资比选 B 类份额更加划算。

而 C 类份额其实是非常有利于进行短期基金投资的。因为它没有申购费用，并且只要持有超过 30 天，就没有赎回费用了。只不过它需要收取销售服务费，并且是按日基金资产进行计算扣除。

所以，如果我们的基金持有期特别短，短于一年，或者短于 6 个月，那么选 C 类份额进行投资可能就会更加划算一些。由于基金的认购或申购费使用的是按照投资金额的级差费率，所以一般高于 500 万元的资金做一次性基金投资，选前端收费的 A 类肯定更加合适。

对于一般人来说，如果基金持有时间超过了两年，投资基金的 C 类份额就一定不是一个明智的选择。道理很简单，持有两年，意味着销售服务费已经累计收取了 0.7%，如果持有三年，销售服务费就累计到了 1.05%——持有时间越长，被实际收取的销售服务费就越多，而且随着基金资产的增值，实际被收取的费用也会越来越高：因为每日计算的销售服务费都是以上一日

的基金资产净值作为基数的。

实际上，除了上面所讲的常见的 A、B、C 类基金份额以外，有些基金还可能有 D、E、H、R 类份额……尤其是货币市场基金的份额种类更是琳琅满目。

这些字母所代表的份额往往可能只是针对特定的一些渠道所销售的，收费的方式和可以销售的渠道以具体的基金合同条款为准。

关于基金经理：
一些需要额外关注的问题

随着基金市场越来越火，市场上一个基金经理管理多只基金的情况越来越普遍，"一挂多"的现象严重。

这种现象的出现，是因为我国的基金行业还处在快速发展过程中，基金产品的数量迅速增长。

截至 2020 年 12 月 31 日，我国公募开放式基金的总数已有 7404 只，而在公募基金公司任职的基金经理人数为 2265 人。私募基金的数量则更多，截至 2020 年 12 月 31 日，已经有 96852 只私募基金产品。（数据来源：Wind）

所以每家基金公司都面临一个问题 —— 基金经理不够用，优秀的基金经理更是稀缺资源。这就催生出了一个很普遍的现象：一些基金经理名下挂了很多只基金，这个现象在明星基金经理身上就更突出。

所谓挂了很多只基金，也就是说一个人同时担任了多只主动管理型基金的基金经理 —— 这并不是一件好事情。

其实如果我们去看市场上的指数基金，这种一挂多的现象更加突出，很多基金公司一个基金经理名下挂了十几只指数基金 —— 别担心，特别说明：指数基金经理的名下有很多只指数基金，这个影响不太大，因为指数基金更多的是依托量化团队的投资实力，依托的是一家公司的IT技术实力。

但是主动管理型基金就不一样了，对基金业绩影响最大的因素是基金经理的个人能力以及这家公司整体投研团队的实力。

人的精力总是有限的，而基金经理再怎么牛，也是一个普通人。

如果在挑选基金的时候，您发现一个基金经理的名下所挂的主动管理型产品非常多，可能就要谨慎一点儿。

每个人每天只有 24 个小时，哪怕不睡觉、不吃饭，基金经理用来做研究、做投资的时间也是有限的。所以任何一个基金经理都有自己的能力边界，能够完美掌控的资金规模也是有边界的。

如果一个基金经理同时管理了多只主动管理型基金，基本上是很难在不同的产品上面体现出完全不一样的投资特征的。因为每个基金经理所长期跟踪的行业、所用的研究和投资方法都是有固定习惯模式的。

一个基金经理名下挂了多只产品，那么大概率采用的都是比较类似的复制投资策略。也就意味着同一基金经理名下所有产品所投资的股票和行业的差别都不会太大。

针对这种现象，我给大家一个建议：如果您想选择的那只基金的基金经理名下管理了多只主动管理型产品，除非不同产品的投资范围根据基金合同的规定有明显的区别，我都建议您挑他最出名的那只产品来进行投资。

因为往往在多只产品中，做得最长的、业绩最好的那只就是这个基金经理的拳头产品，也是他在这个行业中的立身之本。

所以不管其他的产品业绩是否也能同样优秀，基金经理在精力、时间方面的投入一定是倾向于他手中最有名、时间最长的这一只产品的。

尤其是一旦这个基金经理拿过"金牛"，他曾经拿"金牛"的那只产品一般都会是基金经理和基金公司最为看重的——品牌立起来是不容易的。而基金经理手中其他产品一般采用的都是复制和跟随策略而已。

这也讲到了很重要的一点：如果一个基金经理原来管理的老产品仍然处于可以自由申购赎回状态的话，是没有必要去抢购他的新发基金的——除非

新产品和老产品的投资范围有明显的差别。

而且，一般老基金还能在各个销售渠道享受到申购手续费的优惠折扣，新基金发行一般都是按照认购费的原价来进行收取。从投资交易成本的角度来考虑，对于同一个基金经理所管理的产品，买新不如买旧。

另外，在挑选基金经理的时候还有很重要的一点要提示大家：尽量挑选只有一个基金经理管理的主动管理型基金，而不要挑那些由两个或两个以上基金经理共同管理的产品。

如果您发现基金产品是由一个明星基金经理再加一个基金经理助理一起共同管理，而且这个明星基金经理手里还同时管理着多只其他产品，那我告诉您：大概率这只产品的实际管理者，真正在进行投资操作的就是基金经理助理。

很多基金公司把明星基金经理挂名在前面是为了方便营销而已，因为市场是认名气的，有名气才有拥趸，才有销量，才有规模。大家看到近几年很多的"爆款"基金，往往都是因为明星基金经理，才得到市场的疯狂追捧。

当然，并不是每家基金公司都会这么干，但是过去这些年，我们也真的没少见这种事情的发生。而且还有些基金公司会在利用明星基金经理的名气发行完新基金之后，就立即增聘新的基金经理——当然，不排除确实是基金公司从培养新人的角度而进行的"以老带新"的安排，但是总有瓜田李下之嫌。

回头想想，过去这些年的很多爆款基金，是不是都有一个非常响亮的名字作为招牌呢？而那个响亮的招牌是不是实际管理产品的人呢？

小白们哪知道！

所以，作为普通投资者，能够规避还是尽量规避，投资就应该投让自己放心的产品。

业绩比较基准：
评价基金经理的底线

我们在挑选主动管理型基金的时候，一定要去看一看这只基金在过去这些年有没有跑赢它的业绩比较基准，这是评价一个基金经理是否合格的底线。

那什么是基金的业绩比较基准呢？

业绩比较基准，是衡量基金相对回报的一个重要指标，也就是给基金定一个适当的基准组合，通过比较基金的收益率与业绩比较基准的收益率，来判断基金的相对回报到底如何。

这里就讲到了一个很重要的概念：公募基金基本上都是追求"相对回报"的投资品种，而不是"绝对回报"。

公募基金一般对于最低的持仓是有要求的，也就意味着基金经理基本上是很难"空仓"的（除非是灵活配置混合型基金），因此，在市场出现系统性风险——全面下跌的时候，公募基金产品都会跟随市场同步下跌，只是下跌的幅度不同而已。因此，不管在上涨还是下跌的市场中，基金产品能够相对某一个收益率持续获得正收益，就是对公募基金业绩的基本要求了。

我们平时在第三方软件比如说天天基金网上去查某只基金业绩的时候，除了基金净值走势那条线之外，一般还有一条线就是沪深 300 指数或者其他指数的同期走势，见图 3-35。很多朋友以为这条用来 PK 比较的指数的线，就是业绩比较基准，这是不对的。

因为沪深 300 指数是大盘蓝筹指数，如果基金产品的投资方向和沪深300 不是一致的，那么用沪深 300 的收益率去评价这只基金产品的业绩优秀与否就是不合适的。

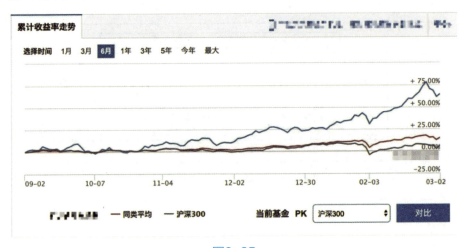

图3-35

一般业绩比较基准和基金净值走势的比较，是需要我们在基金季报或者半年报中去找的。比如图 3-36 就是从某基金的季报中截取的。

- **3.2 基金净值表现**
- **3.2.1 本报告期基金份额净值增长率及其与同期业绩比较基准收益率的比较**

阶段	净值增长率①	净值增长率标准差②	业绩比较基准收益率③	业绩比较基准收益率标准差④	①－③	②－④
过去三个月	13.66%	0.75%	6.11%	0.59%	7.55%	0.16%

- **3.2.2 自基金合同生效以来基金累计净值增长率变动及其与同期业绩比较基准收益率变动的比较**

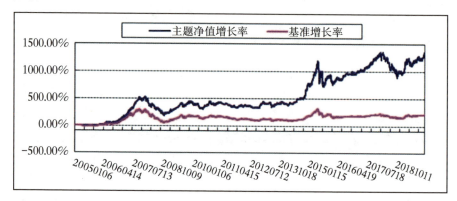

图3-36

那么业绩比较基准是起什么作用的呢？

基金的业绩比较基准是给基金定义一个比较适当的基准组合，通过比较这只基金的实际收益率和业绩比较基准的收益率，对基金的表现进行一个合适的评价。

基金业绩比较基准是评价一个基金经理的工作是否合格的重要标准。基金公司内部考核中，这也是一个重要的指标。我们可以看到某短债基金的合同中，是这么描述它的投资目标的，见图3-37。

> 四、基金的投资目标
> 　　通过基金管理人对以短期融资券和超级短期融资券为主的债券的深入研究和对市场环境的判断，选择具有投资价值的债券，严格控制风险，力争实现超过业绩比较基准的投资回报。

图3-37

大家看到了合同的表述:"力争实现超过业绩比较基准的投资回报。"所以一只基金的业绩要超过业绩比较基准,可以说是一个评价基金合格的底线。

业绩比较基准是公募基金必须对外披露的信息,因此任何一只公募基金都一定有它对应的业绩比较基准。

业绩比较基准在所有基金的合同中都会白纸黑字地写清楚,下图3-38是某只混合型基金在基金合同中所载明的业绩比较基准。

五、业绩比较基准

本基金的业绩比较基准为:中证 800 指数收益率 ×50%+ 恒生综合指数收益率 ×10%+ 中债综合财富(总值)指数收益率 ×40%。

其中,中证 800 指数是由中证指数有限公司编制,其成分股是由中证 500 和沪深 300 成分股一起构成,可以综合反映沪深证券市场内大中小市值公司的整体状况,具有良好的市场代表性和市场影响力。恒生综合指数可以较好地代表港股市场业绩表现,适合作为本基金港股股票组合的业绩比较基准。中债综合财富(总值)指数由中央国债登记结算有限责任公司编制,样本债券涵盖的范围全面,具有广泛的市场代表性,涵盖主要交易市场(银行间市场、交易所市场等)、不同发行主体(政府、企业等)和期限(长期、中期、短期等),能够很好地反映中国债券市场总体价格水平和变动趋势。

随着市场环境的变化,如果上述业绩比较基准不适用本基金或者有更权威的、更能为市场普遍接受的业绩比较基准推出,或者是市场上出现更加适合用于本基金的业绩基准的指数时,本基金管理人可以依据维护基金份额持有人合法权益的原则,根据实际情况对业绩比较基准进行相应调整,而无需召开基金份额持有人大会。调整业绩比较基准应经基金托管人同意,报中国证监会备案,基金管理人应在调整实施前依照《信息披露办法》的有关规定在中国证监会指定媒介上刊登公告。

图3-38

所有的公募基金都会在基金合同中设置业绩比较基准,而不同种类的基金因为投资的方向不一样,所以对于业绩比较基准的设定也有不同。

一般来说,债券型基金和货币型基金的业绩比较基准往往都是与某些债券指数或者银行的存款利率相关的。下面就是某只债券基金的业绩比较基准:

> **业绩比较基准**　本基金业绩比较基准：三年期定期存款利率（税后）+1%。

再来看看货币型基金的业绩比较基准，大多数货币基金的业绩比较基准都是同期 7 天通知存款的税后利率或者是活期存款的税后利率：

> **业绩比较基准**　活期存款利率（税后）。

风险比较高的权益类产品，比如股票型基金或者混合型基金，这类产品往往是由某一个股票指数与某一个债券指数组合而形成的收益率作为它的业绩基准比较收益率。下面就是某混合型基金的业绩比较基准：

> **业绩比较基准**　本基金的业绩比较基准为：沪深300指数收益率×70%+中国债券总指数收益率×30%。

业绩比较基准是基金公司用来评价基金经理工作是否合格的最低要求，也是市场评价一只基金产品是否合格的指标。

如果我们在挑选主动管理型基金的时候发现这只基金在过往的这些年中经常跑输业绩比较基准——它的实际收益率经常低于业绩比较基准的收益率，那么这个基金经理从基金公司内部考核来说就已经是不合格的了。

业绩比较基准的设置其实体现了公募基金追求相对收益的目标。哪怕市场在跌，只要基金跌得比市场少，相对于它的业绩比较基准来说都应该属于正收益。

跑赢业绩比较基准是我们挑选一只主动管理型基金的最低要求，如果连最低要求都达不到，那么这样的产品又怎么能进行投资呢？

来，放一只极品基金的净值增长率与其业绩标准的比较图，见图3-39。如果买到了这种极品基金，就是备受煎熬，千万不能买啊！

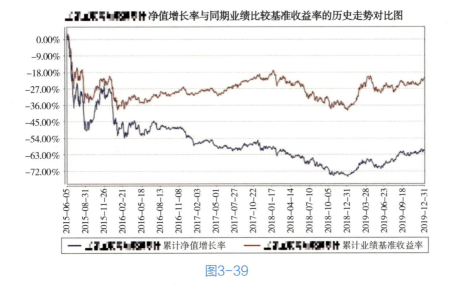

净值增长率与同期业绩比较基准收益率的历史走势对比图

图3-39

我们可以看到这只基金从 2015 年成立以来到 2019 年底，业绩从来没有跑赢过业绩比较基准，这样的基金我们一定要规避、远离。

总之，如果一只主动管理型基金连业绩比较基准都跑不过，只能说明这只基金就是不合格的基金，这样的产品一定是不值得投资的。

关于业绩比较基准，还有几个常见的问题，给大家进行一下解说。

● 问题一

如果某只基金的业绩比较基准是沪深 300 指数收益率 ×80% ＋中证十年国债收益率 ×20%，是不是意味着投资这只基金就会和定投的沪深 300 指数基金产生重叠而不适合投资呢？

解答：如果某一只基金产品选择用沪深 300 指数收益率 + 十年期国债收益率作为它的业绩比较基准，只能说明这只基金产品在投资策略上，可能以大盘蓝筹股为主要的价值投资方向，所以才会选择一个偏大盘的指数沪深 300 作为业绩参照而已。

同样的道理，如果某一只主动管理型基金的投资方向是偏中小盘的成长风格，那么它大概率就不会选择沪深 300 作为主要的业绩参照目标，而很有可能会选择 80% 的中证 500 指数收益率 +20% 的国债收益率综合起来作为业绩比较基准。

业绩比较基准只是一个收益率，这个收益率所形成的依据和风格会和基金产品的投资风格保持一致，这样才更具有可比性。

但是业绩比较基准的设定并不意味着基金经理就只能投资这个业绩比较基准构成指数里面的成分股。

对于基金经理而言，他能够选择投资的范围取决于基金合同里面所规定的投资范围。

我们用个实例来说明：

图 3-40 是某只基金在基金合同中载明的投资范围，我用黄色标注的文字是详细的内容，大家看到，基本上这只基金可以投资的范围涵盖了市场上所有的投资品种。

第十三部分　基金的投资

一、投资目标

本基金坚持价值投资理念，充分发挥专业研究与精选个股能力，力争组合资产实现长期稳健的增值。

二、投资范围

本基金的投资范围为具有良好流动性的金融工具，包括国内依法发行上市的股票（包括中小板、创业板及其他经中国证监会核准或注册上市的股票）、内地与香港股票市场交易互联互通机制下允许投资的香港联合交易所上市的股票（以下简称"港股通标的股票"）、债券 [包括国债、金融债、地方政府债、政府支持机构债券、企业债、公司债、央行票据、中期票据、短期融资券、可转换债券（含可分离交易可转换债券）、可交换债、次级债等]、资产支持证券、货币市场工具、银行存款、同业存单、债券回购、股指期货、国债期货、股票期权以及法律法规或中国证监会允许基金投资的其他金融工具（但须符合中国证监会的相关规定）。

本基金可根据相关法律法规和基金合同的约定参与融资业务。

如法律法规或中国证监会以后允许基金投资其他品种，本基金管理人在履行适当程序后，可以将其纳入本基金的投资范围。

图3-40

我们再来看一下这只基金的业绩比较基准是怎么设定的，见图 3-41。

五、业绩比较基准

本基金的业绩比较基准为：沪深 300 指数收益率 ×60%+ 恒生指数收益率 ×20%+ 中债综合财富（总值）指数收益率 ×20%

其中，沪深 300 指数是由中证指数有限公司编制的反映 A 股市场整体走势的指数，该指数从上海和深圳证券交易所中选取 300 只交易活跃、代表性强的 A 股作为成分股，是目前中国证券市场中市值覆盖率高、代表性强且公信力较好的股票指数。恒生指数可以较好地代表港股市场业绩表现，适合作为本基金港股股票组合的业绩比较基准。中债综合财富（总值）指数由中央国债登记结算有限责任公司编制，样本债券涵盖的范围全面，具有广泛的市场代表性，涵盖主要交易市场（银行间市场、交易所市场等）、不同发行主体（政府、企业等）和期限（长期、中期、短期等），能够很好地反映中国债券市场总体价格水平和变动趋势。

随着市场环境的变化，如果上述业绩比较基准不适用本基金或者有更权威的、更能为市场普遍接受的业绩比较基准推出，或是市场上出现更加适合用于本基金的业绩基准的指数时，本基金管理人可以依据维护基金份额持有人合法权益的原则，根据实际情况对业绩比较基准进行相应调整，而无需召开基金份额持有人大会。调整业绩比较基准应经基金托管人同意，报中国证监会备案，基金管理人应在调整实施前依照《信息披露办法》的有关规定在中国证监会指定媒介上刊登公告。

图3-41

所以大家没有必要去担心所选择的主动管理型基金业绩比较基准中所含有的指数会和自己投资的指数基金产生重叠。

● 问题二

基金的业绩比较基准是不是就是基金的保证收益率或保底收益率？

解答：公募基金除了保本基金有保本条款之外，其他所有的产品都没有保本条款，也更不可能有保证收益率的条款。

在市场上所有的投资品种中，现在唯一可以保证收益率的只有存款。其他的所有产品严格意义来讲都不能承诺收益率。

过去的这些年中，很多金融机构都在做着刚性兑付的工作，也就意味着虽然产品不能承诺收益率，但预期收益基本上都是可以实现的。这一点银行理财产品最具有代表性。

但是从2018年4月《资管新规》出台后，打破刚性兑付就成了一个必然的趋势。

现在各家银行的理财产品慢慢地也开始进行净值化改造。所谓的净值化就是像公募基金一样每天会公布理财产品的净值，有涨也有跌。

当然银行的理财产品绝大多数都是以投资债券类资产为主，所以相对而言风险会比较低，出现亏损的可能性也会比较小。但风险小，不意味着没有风险。

公募基金所设定的业绩比较基准绝对不是一个承诺的收益率，也不是一个预期的收益率。

这个指标是用来评价基金经理的工作是否能够达到合格线的基准。如果基金经理长期跑输业绩比较基准，在公司内部的考核来说，他就是不合格的，而在市场上，我们作为投资者也绝对不要去选长期跑输业绩比较基准的产品。

● 问题三

天天基金网或者其他的第三方销售平台上面找不到产品业绩比较基准，去哪里可以找到？

解答：基金的业绩比较基准是法律要求必须要进行公开的信息。在第三方销售平台上，不一定会将所有基金的法律文件都进行收录。所以大家不一定能够找到。

最直接的方法，就是去基金公司的官方网站上，找到"基金产品"这个页面，如图3-42所示（以博时基金网站为例）。

图3-42

进去之后，输入您想查询的基金代码，见图 3-43。

图3-43

到了具体基金的页面，就可以看到"基金公告"的选项了。当然，在"法律文件"选项中，也可以在基金合同中找到业绩比较基准的内容，见图 3-44。

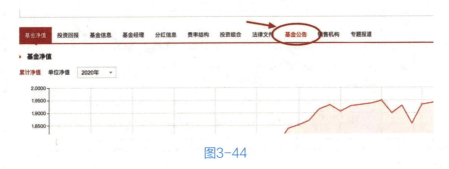

图3-44

进到"基金公告"的页面，我们就找到基金的季报了。直接点开就是季报的文本，见图 3-45。

图3-45

打开季报，我们要找的业绩比较基准和基金净值的对比图就在这里了，见图3-46。

2.本期利润	280,908,800.52
3.加权平均基金份额本期利润	0.2401
4.期末基金资产净值	2,110,091,881.98
5.期末基金份额净值	1.712

注：本期已实现收益指基金本期利息收入、投资收益、其他收入（不含公允价值变动收益）扣除相关费用后的余额，本期利润为本期已实现收益加上本期公允价值变动收益。

所述基金业绩指标不包括持有人认购或交易基金的各项费用，计入费用后实际收益水平要低于所列数字。

3.2 基金净值表现

3.2.1 本报告期基金份额净值增长率及其与同期业绩比较基准收益率的比较

阶段	净值增长率①	净值增长率标准差②	业绩比较基准收益率③	业绩比较基准收益率标准差④	①-③	②-④
过去三个月	13.30%	0.74%	5.61%	0.51%	7.69%	0.23%

3.2.2 自基金合同生效以来 基金累计净值增长率变动及其与同期业绩比较基准收益率变动的比较

图3-46

所以，在挑选主动管理型基金的时候，记得要去看看它和业绩比较基准的走势比较。

Chapter 3

基金实战技巧：
关于基金规模的考量

在挑选主动管理型（权益）基金时，基金规模也是我们应该重视的一个要素。

基金的规模有大有小，不管我们是定投还是一次性投资，对于指数基金与主动管理型基金的选择，在规模这个指标上的考量是有差别的。

指数基金与主动管理型基金在规模的挑选上有一个相同的地方，那就是尽量不要挑选规模特别小的基金。

对于规模特别"小"的标准，我们可以给一条线，这条线就是 5000 万元。如果你发现想购买的基金规模在 5000 万元上下，甚至低于 5000 万元，那大家就要小心点了。

基金规模在 5000 万元以下的基金叫做"迷你基金"。根据规定，公募基金规模如果连续 20 个工作日低于 5000 万元，需要向监管层提交问题解决方案。

若连续 60 个工作日基金资产低于 5000 万元或出现基金份额持有人数量不满 200 人的情形，将触发清盘条款（当然清盘条款并不是说投资者买基金的钱没有了，而是说会按照清盘时的基金资产对基金进行清算）。

如果我们打算做长期投资，而投资的基金产品规模低于5000万元，那么这个产品可能都无法长期存续，所以也就根本没有办法长期投下去。这一点是大家要注意的。

如果说不要挑规模过小的迷你基金，是不是基金规模越大越好呢？这个问题我们要根据不同产品类型来区分。

如果是指数基金，规模大一点没有什么问题。尤其是现在的ETF和ETF联接基金，它们的规模都会比较大，因为ETF是机构投资者的最爱。

而且指数基金的投资目的是跟紧标的指数，所以基金经理主动操作的空间很小，而大额的申购赎回是对指数基金净值及操作产生冲击的重要原因。规模越小的指数基金，面对大额的赎回，可能就必须被动地卖股票，受到的冲击就很大。所以指数基金的规模越大，应对申购赎回冲击的能力就越强。

那主动管理型基金的规模多大才好呢？

● 第一，规模不能过小。

迷你基金肯定是不能选的。首先有清盘的风险在，其次基金运作都有固定的成本，规模过小的基金，支出的成本占基金资产的比例就过大，对于投资收益的损耗过大，因此不划算。所以一般只有几千万元规模的主动管理型基金大家就不要去选了。

● 第二，规模不能过大。

主动管理型基金很大程度上是靠基金经理的个人能力在做投资，而基金经理的能力是有一定边界的。规模越大，基金经理的操作难度也就越大，投资上受到的限制也就越多。

在业内，公认对于偏权益类的主动管理型基金，最好操作的规模应该是在 30 亿元左右，上限最好不要超过 80 亿元。

当然，如果一个基金经理是属于买入之后就不怎么调仓，不追求靠交易来获取收益，而是靠长期持有的策略来获得回报的话，他所管理的基金规模上限理论上比那些偏交易型的基金经理会更大一些。

随着这两年基金市场的火爆，我们发现管理规模超过 100 亿元的基金经理已经越来越多了，很多历史业绩不错的明星基金经理，管理的产品规模可能已经在 500 亿元以上，超过 1000 亿元的也有。

那为什么我还会提示大家对基金规模要注意呢？

因为基金经理是要将基金资产进行投资，并且力争获取超越市场收益率回报的。基金的规模越大，意味着基金经理需要购买的投资标的也越多。100 亿元以上的基金在进行股票投资时，出于流动性的考虑，正常来说，基金经理们需要投资的股票数量就很多了。

因为公募基金有"双十限制"：一只基金持同一股票不得超过基金资产的 10%，一个基金公司旗下所有基金持同一股票不得超过该股票市值的 10%。所以，规模大的基金，必须要进行更多投资标的的选择，也就是要选更多只股票进行投资。这对于基金经理研究的行业宽度提出了非常高的要求。

很少有基金经理能够精通市场上大部分的行业，所以基金的规模越大，操作的难度也就越大。由于人的能力边界问题，基金经理也许没有办法将自己的研究半径无限制扩大 —— 因此一个基金经理所管理的基金规模一定是有限的。

如果一只基金的规模过大，基金经理进行中小市值公司股票投资的可能性就下降。因为这些上市公司股票的流动性可能无法承受巨额资金的进出，如果规模大的基金去配置这些股票资产，那么单单它自己的买入和卖出交易就有可能对这只股票形成非常大的价格干扰。如果只投资一点点，过少的资金占比对于基金整体的业绩贡献又太小。

有很多朋友可能觉得：没有关系，基金经理可以不用买那么多股票，他只要把某几只大股票买得更多一些就可以了呀。

确实，现在市场上很多的明星基金经理就是这么做的，所以我们才看到规模大的基金经理出现了"抱团"现象 —— 规模越来越大，在不多买更多只股票的情况下，只能重仓大市值的白马龙头股 —— 因为只有市值足够大的公司股票，才能满足大规模基金的投资需要，才能用比较少的股票只数来构建完成基金的投资组合。

我们可以看看某三只规模在 300 亿元以上的基金在 2020 年 4 季报中所披露的十大重仓股情况。

先是基金一，见图 3-47。

序号	股票代码	股票名称	数量（股）	公允价值（元）	占基金资产净值比例（%）
1	600519	贵州茅台	2,000,000	3,996,000,000.00	9.96
2	002304	洋河股份	16,700,000	3,941,033,000.00	9.83
3	000568	泸州老窖	17,300,000	3,912,568,000.00	9.75
4	000858	五粮液	13,380,000	3,904,953,000.00	9.74
5	600763	通策医疗	9,300,163	2,571,681,072.76	6.41
6	002044	美年健康	187,800,098	2,127,775,110.34	5.30
7	002032	苏泊尔	21,700,078	1,692,389,083.22	4.22
8	600009	上海机场	21,800,100	1,649,395,566.00	4.11
9	600066	宇通客车	97,000,067	1,641,241,133.64	4.09
10	600161	天坛生物	38,300,070	1,597,112,919.00	3.98

图3-47

接下来是基金二，见图 3-48。

序号	股票代码	股票名称	数量（股）	公允价值（元）	占基金资产净值比例（%）
1	600809	山西汾酒	9,195,602	3,407,731,974.58	9.82
2	000568	泸州老窖	13,986,827	3,163,260,794.32	9.11
3	000858	五粮液	10,191,369	2,974,351,042.65	8.57
4	000333	美的集团	29,922,065	2,945,528,078.60	8.49
5	600519	贵州茅台	1,416,894	2,830,954,212.00	8.16
6	000596	古井贡酒	9,244,356	2,514,464,832.00	7.24
7	000860	顺鑫农业	33,392,322	2,422,279,037.88	6.98
8	601888	中国中免	5,535,074	1,563,381,651.30	4.50
9	600600	青岛啤酒	14,017,495	1,393,339,003.00	4.01
10	600660	福耀玻璃	27,053,793	1,299,934,753.65	3.75

图3-48

最后是基金三，见图 3-49。

序号	股票代码	股票名称	数量（股）	公允价值（元）	占基金资产净值比例（%）
1	601888	中国中免	4,258,801	1,202,898,342.45	8.83
2	000568	泸州老窖	4,850,000	1,096,876,000.00	8.05
3	600519	贵州茅台	545,808	1,090,524,384.00	8.01
4	300760	迈瑞医疗	2,519,831	1,073,448,006.00	7.88
5	000858	五 粮 液	3,677,092	1,073,159,300.20	7.88
6	600809	山西汾酒	2,189,500	821,697,455.00	6.03
7	002311	海大集团	11,999,944	785,996,332.00	5.77
8	603899	晨光文具	8,700,000	770,472,000.00	5.66
9	600276	恒瑞医药	6,588,694	734,375,833.24	5.39
10	600887	伊利股份	14,899,000	661,068,630.00	4.85

图3-49

好了，看完上面三只规模 300 亿元以上基金的十大重仓股之后，大家有什么感觉，是不是感觉重合很多？

因为在市场上，它们能选择的标的范围已经很小了，不抱团，怎么投资？

虽然基金规模在我们挑选主动管理型基金的时候可以放在最后去考虑，

但是从基金经理管理的难易度来讲，5 亿～30 亿元规模最佳，30 亿～70 亿元之间的规模可以接受，动辄 100 亿元以上的基金，我建议大家还是谨慎一些为好。

大家一定要关注主动管理型基金的资产规模，考虑基金经理能力的边界。规模过小和规模过大的基金，并不一定是最佳的选择。

Chapter 3

指导基金投资的好工具：
基金季报

　　基金季报是我们选基金和认识基金经理非常重要的一个文件。

　　读懂了季报，对于选什么基金、手中的基金该怎么办，大家的心里都会更有底。

　　在本书前面部分，我给大家介绍过公募基金有一个非常重要而突出的优势：信息公开透明。

　　《基金法》第七十六条中规定公募基金必须公开披露以下信息：

　　（一）基金招募说明书、基金合同、基金托管协议；

　　（二）基金募集情况；

　　（三）基金份额上市交易公告书；

　　（四）基金资产净值、基金份额净值；

　　（五）基金份额申购、赎回价格；

　　（六）基金财产的资产组合季度报告、财务会计报告及中期和年度基金报告；

　　（七）临时报告；

　　（八）基金份额持有人大会决议；

　　（九）基金管理人、基金托管人的专门基金托管部门的重大人事变动；

（十）涉及基金财产、基金管理业务、基金托管业务的诉讼或者仲裁；

（十一）国务院证券监督管理机构规定应予披露的其他信息。

对于基金投资者而言，上面第六条中的"基金财产的资产组合季度报告、财务会计报告及中期和年度基金报告"是我们必须要学会阅读的重要文件——基金的季报和年报。

基金的季报、半年报和年报的出具是有时间要求的。

季报：基金管理人应当在每个季度结束之日起十五个工作日内，编制完成基金季度报告，并将季度报告登载在指定报刊和网站上。

半年报：基金管理人应当在上半年结束之日起六十日内，编制完成基金半年度报告，并将半年度报告正文登载在网站上，将半年度报告摘要登载在指定报刊上。

年报：基金管理人应当在每年结束之日起九十日内，编制完成基金年度报告，并将年度报告正文登载于网站上，将年度报告摘要登载在指定报刊上，基金年度报告的财务会计报告应当经过审计。

看到这里，大家可能会有个疑问：半年有报告、一年有报告，那么剩下是不是只有一季度和三季度才会有季报呢？

并不是这样的，基金的季报是四个季度都有，半年报和年报是额外的两个定期报告。所以，六个大的定期报告，再加上每天公布的基金净值，就构成了一只基金的所有定期报告。

季报相比半年报和年报，内容会简单一些，而且后两个报告中的财务报告等内容，对于普通投资者而言，对投资基金的实际指导意义并不大，因此我们学会读季报，就已经掌握"看懂"基金的"基本心法"了。

说到季报，有很多朋友真的不知道该到哪里去找，那么我就先和大家说说该怎么找季报吧。

基金季报有以下几个途径可以找到：

● **第一个途径：基金公司官网**

在每家基金公司的官网上，一定都有"基金产品"这个菜单项，下面是三家头部基金公司的官网首页截图，大家都可以找到这个菜单，见图3-50。

图3-50

我们进入这个菜单后，就可以看到基金公司旗下所有基金产品的列表，再找到自己想看的那只产品，点击产品名称就可以来到产品的具体情况页面，在这个页面，大家就看到"基金公告"这个选项了，见图 3-51。

图3-51

季报就在"基金公告"页面静静地等着我们了。

● 第二个途径：基金代销机构的网站或 App（包括银行、券商、网络）

在各个基金代销渠道，一般都可以找到基金的季报。

现在很多朋友都是通过天天基金、支付宝、理财通来投资基金，在这些平台上面，我们怎么找基金季报呢？

首先看看支付宝。

支付宝在每只基金产品的详情页，都有"基金档案"的栏目，位于详情页的中下部分，在这里点击图 3-52 中红圈的位置，就可以进入到下一级的页面了。

图3-52

进去之后是图 3-53 所示页面，点击"公告"栏目，季报就在这里了。

图3-53

再看看腾讯理财通的季报路径。

理财通要从基金详情页往下——几乎是到最下面的位置了，大家可以看到"基金档案"菜单，见图 3-54。

图3-54

进入"基金档案"之后，就可以找到"基金公告"了，见图 3-55。

图3-55

最后是天天基金。

天天基金网在基金产品页要往下滑动页面，才会在顶部出现隐藏菜单，从"公告"处进入，见图3-56。

图3-56

进入之后，看不到季报，还需要从"更多"这里再走一层，见图3-57。

图3-57

好了，季报终于出现了，见图3-58。

图3-58

以上就是从三个大家常用的网络第三方基金销售平台获取基金季报的路径和方法。

在银行和券商代销渠道的网站和 App 上，寻找基金季报的路径也和上面三个网络平台大同小异，大家可以试试看。

● 第三个途径：指定的传统报刊

按照《基金法》的规定，季报要在指定报刊上进行登载，虽然现在大家已经很少去买报纸看了，但还是告知大家在哪几份报纸上能找到季报。

《中国证券报》

《上海证券报》

《证券时报》

《证券日报》

既然找到了季报，我们就要进入正题了：一点点来拆解季报，看看我们该怎么阅读，可以了解哪些重要信息。

首先，我们了解一下基金季报包含几个部分。

1. 重要提示；

2. 基金产品概况；

3. 主要财务指标和基金净值表现；

4. 管理人报告；

5. 投资组合报告；

6. 开放式基金份额变动；

7. 基金管理人运用固有资金投资本基金情况；

8. 影响投资者决策的其他重要信息；

9. 备查文件目录。

所有的公募基金季报都含有以上 9 个部分的内容，对于普通个人投资者来说，到底哪些内容是有价值的呢？对于我们的投资又有什么作用呢？让我带着大家一起来看。

● 1. 重要提示

这部分的内容都是基金公司的一些常规承诺和保证，我们可以直接跳过不看。

● 2. 基金产品概况

这部分以列表的形式把基金的基本信息进行披露，我们拿一只基金的季报来举例，见图 3-59。

§2 基金产品概况

基金简称	▓▓▓▓▓▓▓▓
基金主代码	▓▓▓▓▓
交易代码	▓▓▓▓
基金运作方式	契约型开放式
基金合同生效日	2012 年 8 月 28 日
报告期末基金份额总额	1,374,052,815.90 份
投资目标	本基金精选医疗保健行业的优质上市公司，在严格控制风险的前提下，力争获得超越业绩比较基准的投资回报。
投资策略	本基金为混合型基金。投资策略主要包括资产配置策略和个股选择策略两部分。其中，资产配置策略主要是通过对宏观经济周期运行规律的研究，动态调整大类资产配置比例，以争取规避系统性风险。个股选择策略采用定性与定量相结合的方式，对医疗保健行业上市公司的投资价值进行综合评估，精选具有较强竞争优势的上市公司作为投资标的。投资策略主要包括：资产配置策略、股票投资策略、债券投资策略、金融衍生品投资策略。
业绩比较基准	中证医药卫生指数×80%+中债指数×20%
风险收益特征	本基金为混合型基金，预期风险和预期收益高于货币市场基金、债券型基金，低于股票型基金，属于证券投资基金中的中高风险/收益品种。
基金管理人	▓▓▓▓▓▓
基金托管人	▓▓▓▓▓▓

图3-59

大家可以看到，关于这只基金的所有基本信息都列出来了。在这里，我们可以了解到这只基金的规模有多大、代码是多少、是什么时候成立的。

更重要的是，我们可以看到基金的投资目标和投资策略 —— 其实这两个内容我们在基金合同中也可以找到。

投资目标可以让我们轻松分辨基金是行业主题基金还是宽赛道基金。像图 3-59 这个例子，很明显投资目标中是有在投资方向上进行行业限定的，所以这是一只行业主题基金。

我们再来看看宽赛道基金的投资目标是怎么写的，见图 3-60。

§2 基金产品概况

基金简称	████████
基金主代码	██████
交易代码	██████
基金运作方式	契约型开放式
基金合同生效日	2014 年 6 月 3 日
报告期末基金份额总额	523,902,756.95 份
投资目标	本基金通过对多种投资策略的有机结合，在有效控制风险的前提下，力争为基金份额持有人获取长期持续稳定的投资回报。
投资策略	投资策略主要包括资产配置策略、股票投资策略、债券投资策略、权证投资策略、股指期货投资策略。其中，资产配置策略将按照风险收益配比原则，实行动态的资产配置。本基金投资组合中股票等权益类资产（含存托凭证）投资比例为基金资产的 30%—95%。在资产配置上，本基金将围绕对经济周期景气的预判以及宏观经济政策的调整来实施大类资产的配置；在股票投资上，本基金将在符合经济发展规律、有政策驱动的、推动经济结构转型的新的增长点和产业中，以自下而上的个股选择为主，重点关注公司以及所属产业的成长性与商业模式。
业绩比较基准	沪深 300 指数收益率×75%+中证全债指数收益率×25%
风险收益特征	本基金为混合型基金，其预期收益及预期风险水平低于股票型基金，高于债券型基金及货币市场基金，属于中高收益/风险特征的基金。
基金管理人	████████
基金托管人	████████

图3-60

大家可以看到，这只基金在投资目标的设定上，就没有对投资的行业进行任何限制，也就意味着基金经理可以在全市场所有行业中进行投资标的选择 —— 这就是"宽赛道"的意义。

一般来说，我更建议普通投资者选择宽赛道基金来进行投资，因为市场总是存在着风格轮换的效应，也就是不同的行业总是此消彼长，好行情总是在不同的行业轮流出现。如果某个行业刚好在市场的风口上，那么聚焦这个行业的行业主题基金表现一般都会很好，但是当风口过去，这个行业的所有行业主题基金的表现都会变差——这不是说基金经理能力有问题，而是因为行业主题基金的风险主要集中在某一个具体行业。所以，对市场来说这是非系统性风险，但却是行业主题基金的系统性风险，是没法规避的。

而宽赛道基金的优势就在于，好的基金经理可以在行业轮换的时候，根据自己的研究判断，灵活调整基金资产所配置的行业，在不同的行业中进行资产的腾挪，所以理论上来讲，宽赛道基金的投资风险是小于行业主题基金的。

当然，如果投资者自己非常看好某一个具体行业的长期发展，选择对应的行业主题基金来进行投资是没有问题的。大家还是要根据自己的风险偏好和对市场的理解选择最适合自己的基金来进行投资。

我们再来看看下面这一只基金的投资目标，见图 3-61。

§2 基金产品概况

2.1 基金产品概况

基金简称	███████ ETF 联接
基金主代码	███
基金运作方式	交易型开放式指数基金的联接基金
基金合同生效日	2018 年 12 月 10 日
报告期末基金份额总额	156,260,353.02 份
投资目标	通过主要投资于目标 ETF，紧密跟踪标的指数即创业板指数的表现，追求跟踪偏离度和跟踪误差的最小化。
投资策略	本基金主要投资于目标 ETF 即博时创业板交易型开放式指数证券投资基金，方便特定的客户群通过本基金投资目标 ETF。 本基金不参与目标 ETF 的投资管理。投资策略包括资产配置策略、基金投资策略、成分股、备选成分股投资策略投资管理程序、债券投资策略、衍生品投资策略、存托凭证投资策略。为实现投资目标，本基金将以不低于基金资产净值 90% 的资产投资于目标 ETF。 在正常市场情况下，本基金力争净值增长率与业绩比较基准收益率之间的年跟踪误差不超过 4%。如因指数编制规则调整或其他因素导致跟踪偏离度和跟踪误差超过上述范围，基金管理人应采取合理措施避免跟踪偏离度、跟踪误差进一步扩大。
业绩比较基准	创业板指数收益率×95%+银行活期存款税后利率×5%

图3-61

大家看到了，ETF 联接基金的投资目标和指数基金是一样的，都是为了紧密跟踪标的指数的表现，追求跟踪偏离度和跟踪误差的最小化。只不过 ETF 基金是通过投资目标 ETF 来实现这个目标，而普通的指数基金是通过直接构建投资组合来实现这个目标而已。

我们看一只普通指数基金的投资目标，就一目了然了，见图 3-62。

§2　基金产品概况

2.1　基金基本情况

基金简称	░░░░░░░░ 指数
基金主代码	░░░░░░
基金运作方式	契约型开放式
基金合同生效日	2003 年 8 月 26 日
报告期末基金份额总额	3,026,498,493.02 份
投资目标	分享中国资本市场的长期增长。本基金将以对标的指数的长期投资为基本原则，通过严格的投资纪律约束和数量化风险管理手段，力争保持基金净值增长率与标的指数增长率间的正相关度在 95% 以上，并保持于跟踪误差在 4% 以下。
投资策略	本基金为被动式指数基金，原则上采用复制的方法，按照个股在标的指数中的基准权重构建指数化投资组合。即调整其股票资产比例为 95% 以内，现金或者到期日在一年以内的政府债券比例不低于 5%。 1.资产配置原则 本基金以追求基准指数长期增长的稳定收益为宗旨，采用自上而下的两层次资产配置策略，首先确定基金资产在不同资产类别之间的配置比例，再进一步确定各资产类别中不同证券的配置比例，以完全复制的方法进行组合构建。

图3-62

所以，ETF 联接基金的持仓，主要是"基金"，而普通的股票指数型基金的持仓主要是"股票"——这是很多小白投资者经常会迷惑的一个知识点。

而在产品概况的"投资策略"中，首先表明了基金的分类，然后会介绍基金的主要投资策略——这些投资策略比较笼统，大家基本上随便瞄一两眼就好，没有必要深究。

接下来是业绩比较基准，在前面的章节中已经详细和大家介绍过了，是比较重要的信息，如果不记得了，可以翻翻本书前面的内容重温一下。

风险收益特征是强调基金的风险水平在公募基金中处于什么水平。

以上内容就是基金季报第二部分中对我们有用的一些信息，让我们更全面地了解自己投资了什么样的产品。

● 3. 主要财务指标和基金净值表现（重要）

这一部分的内容，会由几个小的章节来进行信息的铺陈。

首先是"主要财务指标"，见图 3-63。

3.1 主要财务指标

单位：人民币元

主要财务指标	报告期 (2021 年 1 月 1 日-2021 年 3 月 31 日)
1.本期已实现收益	482,229,487.19
2.本期利润	-94,629,862.46
3.加权平均基金份额本期利润	-0.0660
4.期末基金资产净值	5,677,224,940.52
5.期末基金份额净值	4.132

注：本期已实现收益指基金本期利息收入、投资收益、其他收入（不含公允价值变动收益）扣除相关费用后的余额，本期利润为本期已实现收益加上本期公允价值变动收益。

所述基金业绩指标不包括持有人认购或交易基金的各项费用，计入费用后实际收益水平要低于所列数字。

图3-63

这一部分会披露基金在报告期内的利润和资产情况，因为基金净值已经在每个交易日公布过了，所以没有必要太关注这部分的内容。

平时我们所看到的"基金单位净值"，就是每天用图 3-63 中表格里面的数据算出来的。

接下来是"基金净值表现"。这一部分就是之前讲到的基金业绩比较基准的相关内容，季报将会披露报告期内基金份额净值增长率和同期业绩比较基准收益率的比较。是否跑赢了业绩比较基准是评价一个基金经理是否合格的底线。我们来看实例，见图 3-64。

3.2 基金净值表现

3.2.1 本报告期基金份额净值增长率及其与同期业绩比较基准收益率的比较

阶段	净值增长率①	净值增长率标准差②	业绩比较基准收益率③	业绩比较基准收益率标准差④	①-③	②-④
过去三个月	-1.76%	2.37%	-2.38%	1.70%	0.62%	0.67%
过去六个月	5.73%	1.97%	2.74%	1.46%	2.99%	0.51%
过去一年	57.95%	1.89%	29.43%	1.45%	28.52%	0.44%
过去三年	143.78%	1.66%	29.35%	1.34%	114.43%	0.32%
过去五年	191.19%	1.46%	60.95%	1.15%	130.24%	0.31%
自基金合同生效起至今	361.95%	1.71%	209.26%	1.37%	152.69%	0.34%

3.2.2 自基金合同生效以来基金累计净值增长率变动及其与同期业绩比较基准收益率变动的比较

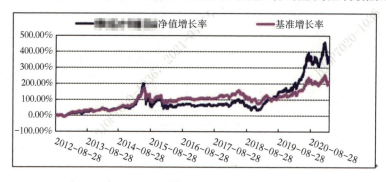

图3-64

可以看到，这只基金虽然在过去三个月 —— 也就是季报的报告期内净值是下跌的，但是因为业绩比较基准收益率跌得更多，所以基金经理还是跑赢了业绩比较基准，工作是有效的。

而且，我们在这一部分可以看到基金在过去各个历史阶段的净值增长情况，并且可以和业绩基准进行比较。

图 3-64 表格中的"标准差"是一个统计学中的专有名词。

标准差（Standard Deviation），是离均差平方的算术平均数（即方差）的算术平方根，用 σ 表示。标准差也被称为标准偏差，或者实验标准差，在概率统计中最常使用，作为统计分布程度上的测量依据。标准差是方差的算术平方根，能反映一个数据集的离散程度。

所以"净值增长率标准差"反映的是基金净值波动的情况，这个数值越大，说明波动越大，这个数值越小，说明波动越小。对于喜欢稳健投资的投资者而言，这个数值小一点，投资过程中心理感受就会好一些。

大家记住：长期跑输业绩比较基准的基金经理所管理的产品是不值得信任的——偶尔有一到两个季度跑输还可以接受。因为基金业绩长期比业绩比较基准差，说明基金经理连最低的业绩及格线都没能达到，这样的基金经理是不能够被信赖的。

当然，在比较基金业绩和业绩比较基准的时候，如果更换过基金经理，只有现任基金经理管理产品后的相关数据才有价值。

总之，这一部分的内容，是季报中我们必看的！

● **4. 管理人报告（重要）**

这部分是季报中最重要的内容，我们看季报主要就看这个。

这一部分中，最重要的是关于"报告期内基金投资策略和运作分析"的内容。在这里我们将会看到基金经理对自己在基金管理过程中操作的回顾，可以了解基金经理的投资逻辑和思路——选一个自己认同的基金经理是非常重要的事情，所以在这里看看自己是否认同基金经理的操作就很有必要。

> **4.4 报告期内基金投资策略和运作分析**
>
> 　　去年底以来，经过 2019、2020 两年的核心资产结构性牛市，市场普遍认为应当降低 2021 年的收益预期。但是无论是新发爆款基金的持续火热和核心资产的继续疯狂上涨到底谁是因谁是果，市场运行的结果是年初一个月的时间内的涨幅已经达到甚至超过了原本大家对全年的收益预期，这明显已经超出了企业经营基本面可以解释的范畴。因此，我们在年前适当降低了仓位，并且在年后核心资产和新发爆款基金的正循环已经出现松动的情况下，减持了更多估值泡沫严重的标的。对于今年的市场走势，我们认为市场过去几年选出来的方向，其产业趋势和基本逻辑没有问题，只是估值需要盈利消化的时间太长，且由于增量资金的规模因素导致在市值因子上往龙头大市值公司偏离的太多。因此我们认为接下来一段时间的方向，在于重新将估值权重提升，并且加大在中小市值以及新股次新股上的研究，机会往往在这类被大家忽视或者研究不充分的板块中。

图3-65

　　当然，在看这部分内容的时候，我们有时会发现有些基金经理是完全不用心写的，非常敷衍，甚至几个季度以来，这一部分的内容都是简单的"复制 + 粘贴"，我对于这样的基金经理是非常不认同的。

　　我们来看一下某基金过往几期季报中这一部分的内容：

　　2021 年一季报：

> **4.4 报告期内基金的投资策略和运作分析**
>
> 　　我们总体维持了高仓位的运作，在长期看好的创新药产业链、医疗服务、高质量仿制药的龙头企业等方向进行了着重的布局。

图3-66

　　2020 年四季报：

> **4.4 报告期内基金的投资策略和运作分析**
>
> 　　我们总体维持了高仓位的运作，在长期看好的创新药产业链、医疗服务、高质量仿制药的龙头企业等方向进行了着重的布局。

图3-67

2020 年三季报：

4.4 报告期内基金的投资策略和运作分析

我们总体维持了高仓位的运作，在长期看好的创新药产业链、医疗服务、高质量仿制药的龙头企业等方向进行了着重的布局。

图3-68

2020 年二季报：

4.4 报告期内基金的投资策略和运作分析

我们总体维持了高仓位的运作，在长期看好的创新药产业链、医疗服务、高质量仿制药的龙头企业等方向进行了着重的布局。

从未来的配置方向来看，创新药产业链仍旧是我们长期最为看好的方向，从国家层面政策的顶层设计到国内企业近年来的创新积累，都使得国内的创新药产业链长期维持在高景气度的状态。此外，随着国内居民消费能力的提升以及知识结构、认知水平的提升，产品、服务的渗透率和居民的支付能力都在持续的提升中，相关行业的龙头企业也有着长期的增长空间。

图3-69

2020 年一季报：

4.4 报告期内基金的投资策略和运作分析

×××××× 混合型证券投资基金 2020 年第 1 季度报告

我们总体维持了高仓位的运作，在长期看好的创新药产业链、医疗服务、高质量仿制药的龙头企业等方向进行了着重的布局。

从未来的配置方向来看，创新药产业链仍旧是我们长期最为看好的方向，从国家层面政策的顶层设计到国内企业近年来的创新积累，都使得国内的创新药产业链长期维持在高景气度的状态。此外，随着国内居民消费能力的提升以及知识结构、认知水平的提升，产品、服务的渗透率和居民的支付能力都在持续的提升中，相关行业的龙头企业也有着长期的增长空间。

图3-70

2019 年四季报：

> **4.4 报告期内基金的投资策略和运作分析**
>
> ×××××× 混合型证券投资基金 2019 年第 4 季度报告
>
> 我们总体维持了高仓位的运作，在长期看好的创新药产业链、消费类以及医疗服务的龙头企业等方向进行了着重的布局。
>
> 从未来的配置方向来看，创新药产业链仍旧是我们长期最为看好的方向，从国家层面政策的顶层设计到国内企业近年来的创新积累，都使得国内的创新药产业链长期维持在高景气度的状态。此外，随着国内居民消费能力的提升以及知识结构、认知水平的提升，产品、服务的渗透率和居民的支付能力都在持续的提升中，相关行业的龙头企业也有着长期的增长空间。

图3-71

2019 年三季报：

> **4.4 报告期内基金的投资策略和运作分析**
>
> ×××××× 混合型证券投资基金 2019 年第 3 季度报告
>
> 我们总体维持了高仓位的运作，在长期看好的创新药产业链、消费类以及医疗服务的龙头企业等方向进行了着重的布局。
>
> 从未来的配置方向来看，创新药产业链仍旧是我们长期最为看好的方向，从国家层面政策的顶层设计到国内企业近年来的创新积累，都使得国内的创新药产业链长期维持在高景气度的状态。此外，随着国内居民消费能力的提升以及知识结构、认知水平的提升，产品、服务的渗透率和居民的支付能力都在持续的提升中，相关行业的龙头企业也有着长期的增长空间。

图3-72

我们可以看到，上面的这只基金，基本上每个季度的季报都是"复制 + 粘贴"，这样的基金就算业绩再好，我也不认为这个基金经理值得信任。

公募基金的本质是信托投资，也就是基于信任而进行的委托投资。对于基金管理人来说，投资者是名副其实的衣食父母。为了不辜负投资人的信任，基金管理人在基金管理运作中应当恪尽职守，履行诚实信用、谨慎勤勉的义务。

季报作为信息披露的正式文件，基金经理应该本着尊重投资者的心态，如实认真地对自己管理投资组合过程中的情况进行有效回顾，并对未来市场的变化给出自己的思路和想法。这可以使投资者对前期业绩归因做到心里有数，也可以对未来市场的变化做到心里有底——这样在面对市场波动的时候，投资者也可以有更好的心态来避免做出错误的决策。

所以，如果在季报中，我们发现基金经理不认真撰写自己对于报告期投资策略和运作的分析，至少从一个侧面反映出这个基金经理对于投资者的态度是不尊重的，在心理层面上是不以为意的。

对自己的衣食父母都不尊重的基金经理，我又怎么敢把自己的血汗钱托付给他进行管理呢？我又如何能相信他可以认真地对待自己所投资的每一分钱呢？

公募基金要有良好的发展，基金管理人和基金经理能够勤勉尽责是基本的要求和前提，对于无法体现出相关职业素养的基金管理人和基金经理，远离他们的产品是保护自己的有效方式——市场上有几千只基金产品可供选择，何必一定要去买这些有明显硬伤的基金来让自己担心呢？

● 5. 投资组合报告（重要）

这一部分的内容是详细披露基金投资组合的情况，也是季报中非常重要的信息！

在这个部分中，首先会披露基金在各种大类资产中的配置比例，也就是权益投资、基金投资、固定收益投资、贵金属投资等各占多少。这里最有价值的是可以看到基金的仓位有多重。

我们看图 3-73，这只基金目前的股票仓位在报告日是 86.27%，对于混合型基金来说，已经算是比较高的仓位了。

5.1 报告期末基金资产组合情况

序号	项目	金额(元)	占基金总资产的比例(%)
1	权益投资	4,930,479,019.84	86.27
	其中：股票	4,930,479,019.84	86.27
2	基金投资	-	-
3	固定收益投资	112,344,044.40	1.97
	其中：债券	112,344,044.40	1.97
	资产支持证券	-	-
4	贵金属投资	-	-
5	金融衍生品投资	-	-
6	买入返售金融资产	340,600,000.00	5.96
	其中：买断式回购的买入返售金融资产	-	-
7	银行存款和结算备付金合计	261,985,910.68	4.58
8	其他各项资产	69,511,733.00	1.22
9	合计	5,714,920,707.92	100.00

图3-73

这部分的内容基本上可以一眼看懂，但是不少人对于中间的第6项会有疑问，什么是"买入返售金融资产"？

买入返售金融资产是指公司按返售协议约定先买入，再按固定价格返售的证券等金融资产所融出的资金。

比方说某个机构或企业要融资1000万元，于是和买入返售方（基金公司）签个协议：机构把价值2000万元的有价证券以1000万元卖给买入返售方（基金公司），并约定在1年后以1100万元的价格买回来。

所以这部分算是一个有抵押物的固定投资项目。

其次会披露按照行业分类的股票投资组合，也就是基金经理到底买了哪些行业的股票，每个行业的占比为多少。

这一部分的内容可以看出基金经理的投资偏好，但是这个行业分类是按照证监会的一级行业分类进行的，在19个一级行业中，"制造业"中的二级细分行业就有31个，涵盖的股票数高达2796只。所以，单看这一部分的分类，并不能清楚地了解基金重仓的具体细分行业。

比如图 3-74，我们看到这只基金在制造业行业的投资占比高达61.09%，但到底是制造业的具体哪个领域，是看不出来的。

5.2 报告期末按行业分类的股票投资组合

代码	行业类别	公允价值（元）	占基金资产净值比例（%）
A	农、林、牧、渔业	-	-
B	采矿业	-	-
C	制造业	3,468,450,269.67	61.09
D	电力、热力、燃气及水生产和供应业	24,036.12	0.00
E	建筑业	237.00	0.00
F	批发和零售业	103,281,293.58	1.82
G	交通运输、仓储和邮政业	3,281.88	0.00
H	住宿和餐饮业	-	-
I	信息传输、软件和信息技术服务业	1,390,276.62	0.02
J	金融业	6,925.60	0.00
K	房地产业	-	-
L	租赁和商务服务业	-	-
M	科学研究和技术服务业	865,113,330.74	15.24
N	水利、环境和公共设施管理业	298,855.13	0.01
O	居民服务、修理和其他服务业	-	-
P	教育	1,786.22	0.00
Q	卫生和社会工作	491,908,727.28	8.66
R	文化、体育和娱乐业	-	-
S	综合	-	-
	合计	4,930,479,019.84	86.85

图3-74

所以，我们还需要继续往下看。

报告期末按公允价值占基金资产净值比例大小排序的前十名股票投资明细，这可以说是基金季报中最重要的信息，见图 3-75。

5.3 报告期末按公允价值占基金资产净值比例大小排序的前十名股票投资明细

序号	股票代码	股票名称	数量(股)	公允价值(元)	占基金资产净值比例(%)
1	603259	药明康德	3,931,249	551,161,109.80	9.71
2	300760	迈瑞医疗	1,280,808	511,183,280.88	9.00
3	002821	凯莱英	1,317,099	380,470,388.13	6.70
4	603882	金域医学	2,858,554	363,179,285.70	6.40
5	300298	三诺生物	11,675,751	361,364,493.45	6.37
6	600276	恒瑞医药	3,536,513	325,677,482.17	5.74
7	300759	康龙化成	1,839,458	275,716,359.62	4.86
8	300725	药石科技	1,733,915	267,785,832.60	4.72
9	000661	长春高新	532,088	240,892,200.24	4.24
10	300122	智飞生物	1,295,172	223,404,218.28	3.94

图3-75

在这一部分，我们可以看到每只基金在报告日前十大重仓股的持仓占比。从这里，我们可以了解到基金经理的投资风格和持仓风格。

因为公募基金是有双十限制的，所以持仓的股票最高不能超过基金资产的10%，如果基金经理对某只股票的持仓达到了基金资产的5%以上，就已经算是绝对的重仓了，如果接近10%，那更加是"重中之重仓"。

在看这部分的时候，如果我们发现某只基金的前十大重仓股的持仓占比加起来超过了60%，那么就可以说基金经理的持仓风格是比较集中的——也就是押注在了少量的股票上，这样的投资风格相对而言风险就会比较大。毕竟持仓越集中，风险也越集中，但是如果投资的股票选择是正确的，也能带来更大的收益。而更加分散的投资，符合"不要把鸡蛋放在同一个篮子里"的资产配置原则，相对风险就会更小一些。所以大家可以看自己更适合哪种投资风格。

通过看基金具体重仓的股票，我们可以清楚了解基金主要投资的行业方向。比如图3-76中这只基金，我们看到十大重仓股中的前四只都是白酒股，而且仓位都在9.5%以上，这是典型的高度重仓白酒行业的基金。

序号	股票代码	股票名称	数量（股）	公允价值（元）	占基金资产净值比例（%）
1	600519	贵州茅台	2,000,000	3,996,000,000.00	9.96
2	002304	洋河股份	16,700,000	3,941,033,000.00	9.83
3	000568	泸州老窖	17,300,000	3,912,568,000.00	9.75
4	000858	五粮液	13,380,000	3,904,953,000.00	9.74
5	600763	通策医疗	9,300,163	2,571,681,072.76	6.41
6	002044	美年健康	187,800,098	2,127,775,110.34	5.30
7	002032	苏泊尔	21,700,078	1,692,389,083.22	4.22
8	600009	上海机场	21,800,100	1,649,395,566.00	4.11
9	600066	宇通客车	97,000,067	1,641,241,133.64	4.09
10	600161	天坛生物	38,300,070	1,597,112,919.00	3.98

图3-76

我们在看这一部分的时候，单看一个季度的季报是不够的，还需要把同一只基金过往几个季度的季报拿出来做一个对比，看看基金的十大重仓股是否有变动，占基金资产的比例是否有变化——这可以看出基金经理在过往这一个季度中是否有进行比较大的仓位调整和换股，可以更加直观地看到基金经理对于市场变化的判断和应对措施。

在季报的十大重仓股部分，可以看到"数量"和"公允价值"，数量指的就是基金买了多少股的股票，而公允价值是用股票数量乘以股票价格得到的持仓价值数。在看基金经理有没有加减仓的时候，其实应该多关注"数量"，毕竟这才是基金经理有没有在报告期内进行重仓股买卖的直接体现。

看完了季报中的权益资产配置情况后，接下来看到的就是固收类资产的配置，首先就是债券资产的持仓情况——不管是股票型基金、混合型基金、债券型基金，债券资产基本上都是公募基金的标配，只是根据不同的产品类型，配置有多有少而已。

对于非债券型基金，一般债券类资产的配置都会比较简单，不用过于关注。但是对于债券型基金而言，这部分内容的重要性和偏股型基金股票配置

内容是一样的，要排在首位。

在前面讲到债券型基金时，讲到不同类别的债券风险有高有低，债券型基金本身也会随着基金经理选择债券的不同而形成不同的风险收益状态。自己所投资的债券型基金到底是主投信用债还是利率债，是否有投资可转债等等，这些信息都可以在季报中一眼就看清楚。

我们来看一个债基季报的相关内容，见图3-77。

5.4报告期末按债券品种分类的债券投资组合

序号	债券品种	公允价值(元)	占基金资产净值比例(%)
1	国家债券	231,587,000.00	4.47
2	央行票据	-	-
3	金融债券	630,608,000.00	12.16
	其中：政策性金融债	501,533,000.00	9.67
4	企业债券	1,473,557,500.00	28.42
5	企业短期融资券	215,371,000.00	4.15
6	中期票据	2,688,318,800.00	51.85
7	可转债（可交换债）	-	-
8	同业存单	-	-
9	其他	-	-
10	合计	5,239,442,300.00	101.06

图3-77

首先，看到上面债基的持仓情况，会发现基金持有的资产比例居然超过100%，这是怎么回事呢？

因为债券型基金是可以"加杠杆"的。

2018年4月27日，央行、银保监会、证监会、外汇局联合发布《资管新规》，在其中，明文规定了公募基金杠杆的相关限制规定：每只开放式公募产品的总资产不得超过该产品净资产的140%，每只封闭式公募产品、每只私募产品的总资产不得超过该产品净资产的200%。

这就意味着公募基金最高仓位可以到140%，对于债券型基金而言，基金经理可以把基金投资组合所持有的债券进行抵押融资，将融入的资金再进行投资，达到加杠杆增厚基金产品收益的目的。由于债券资产本身的收益水平都比较低，所以债券型基金在符合规定的范围内加杠杆是大部分基金经理都会采用的正常投资策略。所以大家以后看到超过 100% 的持仓，不要觉得奇怪。

在图 3-77 中，国债、央行票据、金融债都属于利率债，企业债和公司债属于信用债。

中期票据是介于商业票据和公司债券之间的一种融资方式，期限范围最短 9 个月最长 30 年，发行主体也是企业。企业短期融资券是企业为解决临时性、季节性资金需要而向社会发行的短期债券。这两者都是需要评估企业信用之后才可以进行投资的。

从这只债券型基金的持仓，我们可以看出它大部分的资金都是投资在信用债和企业的相关票据上，利率债投资占比不多，没有可转债，所以这是一只标准主投信用债的纯债基金，风险属于中低品种。

我们再看另一只债券型基金的债券投资组合信息，见图 3-78。

5.4 报告期末按债券品种分类的债券投资组合

序号	债券品种	公允价值(元)	占基金资产净值比例(%)
1	国家债券	499,814,503.20	8.98
2	央行票据	-	-
3	金融债券	9,995,000.00	0.18
	其中：政策性金融债	-	-
4	企业债券	463,960,900.00	8.34
5	企业短期融资券	40,032,000.00	0.72
6	中期票据	152,842,500.00	2.75
7	可转债（可交换债）	4,074,627,957.44	73.20
8	同业存单	-	-
9	其他	-	-
10	合计	5,241,272,860.64	94.16

图3-78

　　大家会发现这只基金和上一只完全不一样。利率债持仓占比不到 10%，信用债持仓也不多，但是可转债（可交换债）的持仓占比达到了 73.20%。这说明这只债券型基金主要是投资可转债的基金产品。而因为可转债投资的波动风险是远高于一般普通债券的，所以，这只基金属于债券型基金中风险比较高的产品类型。同时由于可转债是可以在满足条件的情况下进行转股的，因此这样的债券型基金一般也都会持有股票的仓位 —— 这个内容在季报 5.3 中可以看到。所以这样的债基属于二级债基的范畴。

　　接下来的 5.6 ～ 5.11 的内容就是基金持有的其他大类资产的明细，如果没有，那么这些条目都是空白的，基本上大家可以忽略。

5.6 报告期末按公允价值占基金资产净值比例大小排序的前五名债券投资明细

本基金本报告期末未持有债券。

5.7 报告期末按公允价值占基金资产净值比例大小排序的前十名资产支持证券投资明细

本基金本报告期末未持有资产支持证券。

5.8 报告期末按公允价值占基金资产净值比例大小排序的前五名贵金属投资明细

本基金本报告期末未持有贵金属。

5.9 报告期末按公允价值占基金资产净值比例大小排序的前五名权证投资明细

本基金本报告期末未持有权证。

5.10 报告期末本基金投资的股指期货交易情况说明

本基金本报告期末未持有股指期货。

5.11 报告期末本基金投资的国债期货交易情况说明

报告期末本基金未投资国债期货交易。

图3-79

　　5.12 是投资组合报告附注，如果基金投资组合中的重仓资产和证券有出现不寻常的异动，比如违规、被处罚等等，都会在这个地方进行标注。大家在这里可以看看基金经理有没有"踩雷"。

● 6. 开放式基金份额变动

在这里可以看到基金在一个季度之内的规模增减情况，对于投资而言，没有太多实际的价值。当然，规模增长过快的基金，对于原来持有人的收益多少是有负面影响的——收益会被摊薄。

● 7. 基金管理人运用固有资金投资本基金情况

如果基金公司有用自己的钱来买自己家的基金产品，那么就会在这里披露出来。一般基金公司比较少会进行这样的操作，因为基金公司属于轻资产公司，所以真正动用固有资金来进行本公司的基金投资，并不是一个常见的操作。

在市场出现大幅波动，投资者对基金投资失去信心的时候，基金公司才有可能会用固有资金来投资自己公司的基金产品，并且会进行公告——其实这样做更重要的是提升投资者对于基金产品的信心，用实际行动和真金白银告诉投资者：你看，我自己都买了，我的利益和你们的利益是绑定在一起的，所以不要过于担心市场的波动。

这里提醒大家一点：基金管理人是指基金公司，而不是基金经理，基金经理作为个人投资自己所管理的产品，在这里是不会被披露的。如果大家对这个信息感兴趣，可以在基金的年报中查到。

● 8. 影响投资者决策的其他重要信息

这里的内容如果有写，大家就看看，没有就可以略过了。8.1 中会披露"报告期内单一投资者持有基金份额比例达到或超过 20% 的情况"——这可以帮助我们了解某只基金是否被机构投资者大比例持有。

● 9. 备查文件目录

这个部分直接忽略吧。

好，关于基金季报的解读终于完成了。

本章的内容很多，我也特意写得比较细。因为基金季报是可以准确提供基金产品信息动态变化的重要文件，作为投资者，我们真的有必要去关注和掌握。

季报中的相关业绩数据，基金投资组合的持仓情况，基金经理对于自己投资策略的描述、对于未来市场的看法等信息，都是足以影响我们是否要选择这只基金作为投资标的的重要依据。

如此重要的季报，你学会怎么读了吗？

选择开放运作的基金
还是封闭运作的基金

当我们在选基金进行投资的时候，会看到有不同运作模式的开放式基金 —— 封闭式基金现在已经不是市场的主流了，我们平时看到所谓的"封闭基金"，基本上都是带有封闭运作期的开放式基金，而不是传统意义上的封闭式基金。

在讲到底哪种基金更适合投资之前，我们先来梳理一下目前市场上常见的主动管理型基金的几种运作形态。

● 第一种是普通的开放式运作基金

这类产品在市场上是最主流的，数量最多、规模最大。这类基金产品在每一个交易日都能正常被申购、赎回，没有任何附加的条件。

但是要提醒大家的是，一般新发的公募基金在发行成立之后，都会有最长不超过 6 个月的封闭建仓期，这是新基金的共性，哪怕是之后完全开放运作的基金产品也不例外。

● 第二种是封闭运作基金

这一类基金本质上仍然是开放式基金，但是在新基金发行时，设置了一定期限的封闭运作期，比如一年、两年、三年甚至五年等等，在封闭运作期内，不支持申购、赎回的申请，但是在封闭运作期结束后，一般会自动转为普通的开放式基金，可以在交易日进行正常的申赎。

考虑到基金份额持有人在基金封闭运作的过程中，可能会有紧急的流动性需求，所以很多封闭运作基金会提供场内份额交易功能，给有需要的投资者提供必要的变现渠道。所谓的场内份额交易功能，就是指基金份额持有人想要在封闭期内把手中的基金份额变成现金，就只能通过股票账户，像交易一只普通的股票那样来进行基金份额的买卖。同样，在封闭期内，想要买这只基金的投资者，也只能通过股票账户来提交基金份额的买入要约，并且要有基金份额持有人愿意卖出方能成交。

场内基金份额的买卖和场外基金份额的申购赎回是有不一样的意义的。场内的份额买卖，是投资者之间的价格撮合交易，有卖有买、价格合意才能成交，有卖无买、有买无卖或者价格无法达成一致，都是无法成交的。而场外基金份额的申购赎回，是投资者直接与基金管理人（基金公司）根据基金份额净值来进行的交易，正常情况下基金管理人是不能够拒绝交易的——尤其是投资人的赎回申请。除非是依照基金合同有不能接受赎回的情况出现，比如封闭运作期内或者市场巨幅波动导致触发了巨额赎回条款。

● 第三种是定期开放式基金

这种基金和第二种封闭运作基金的区别在于，一个封闭运作期结束后，它会在短暂开放期接受申购赎回，再进入下一个封闭运作期，一直这样循环下去。

如果投资了此类基金，一旦错过开放期忘了赎回，那就意味着你的资金需要再被锁住一个完整的封闭期，要等到下一次开放才能够赎回份额兑现。

● 第四种是持有期基金

持有期基金刚好解决了第三种定期开放式基金的弊端——持有期基金新发建仓封闭期结束之后，一般是开放申购的，也有一些会统一确认开放申购的时段。但持有期基金最重要的特色是要求投资人一旦申购成功，就必须持有基金份额满一定的时间才能够赎回，低于最低的持有时长是不允许赎回的，这个最低持有时间是多长会在基金合同中注明。

一旦投资人持有基金份额的时间达到了最低的持有期要求，就可以在之后的任意一个交易日申请赎回。因此，投资持有期基金，就不会像定期开放式基金一样，一旦错过短暂的开放期，资金又要被锁进下一个封闭期，相对而言交易的自由度会好于定期开放型基金。

以上四种就是现在公募基金常见的不同运作模式的产品。

我们可以发现，不同运作模式本质上的差别就是是否允许投资人自由地进行基金份额的申赎。

从投资者的第一感受来说，肯定是希望自己能够握有交易的主动权的，所以一般大家下意识都会更加喜欢第一种基金，也就是完全开放运作的基金，随时可以申赎。

限制赎回的基金产品，本质上是要让投资者放弃一定的流动性。在前面讲到投资品的三个性质——流动性、安全性、收益性时，我强调过我们必须放弃其中一个才有可能获得另外两个。因此，带有封闭运作期的后三种基金，都是采用不可赎回的方法让投资人放弃了对基金产品流动性的追求，目的是获得更好的安全性和收益性。

　　为什么带有封闭运作机制的基金从理论上可以获得更好的安全性和收益性呢？

　　基金的运作模式是集合投资和分散投资，投资人的钱最终汇集到基金管理人手中之后，基金经理是会根据自己对市场的判断，来帮助我们进行证券投资的。所以在选股或者选债券进行投资的时候，基金经理作为专业投资人，并不会像普通散户一样——散户们大多数时候进行股票投资，都是凭感觉做决定，都是以"听消息"为主，而专业投资人是会分析宏观环境、行业趋势、公司财务及管理情况、市场前景、目前价格是否合理等等，最后把这些因素都综合起来进行考量，再做出投资与否的决策。

　　所以大部分基金经理在选择投资标的时，都会倾向于投资那些具有中长期成长确定性或者具有中长期稳定营利性的公司。

　　但是在投资中，很多时候短期的市场逻辑和长期的市场逻辑是会出现冲突的。一家好的公司，在短期也会因为各种各样的因素导致股价出现大幅的波动，宏观经济环境的变化、政策的调整甚至自然界的突发情况（比如新冠疫情），这些都会对短期的整体市场造成很大的波动，对于不同的细分行业形成冷暖不一的直接影响，最终体现出来的就是不同上市公司股价的短期分化和巨幅震荡。

　　作为面对普通人的投资品种，公募基金的持有人大部分都是普通的个人投资者。作为个人投资者，因为专业基础参差不齐，很多时候并不能非常理性地对待市场的短期波动，所以当市场出现变化的时候，他们往往会做出非理性的投资决策——在市场一路上涨或者某些行业一路上涨的过程中，越买越多，越买越不在意风险；而在市场或某些行业下跌调整的过程中，越跌越难受，越难受越慌，最后觉得"没有最低，只有更低"，在最低位割肉离场。

　　是的，追涨杀跌就是这么一个过程。

　　我们来看一个数据，见图3-80。

图3-80

从图中我们可以明显看到，每次市场走强，连续上涨的时候，全市场新基金募集的规模就会随之变大，而基金募集规模的阶段性顶峰和股市指数的阶段性高点几乎都是重合的。

这是因为，作为普通人，平时一般不太会去关注市场的变化，由于投资有亏损的风险存在，一般大家也不是很敢轻易去投资。但是随着市场连续上涨，投资了股票或者基金赚钱的人开始变得越来越多，口口相传之下，"现在是个买股票买基金的好时候""听说谁谁谁过去一个月本金就已经翻倍了"之类的说法开始逐步蔓延开来，越来越多从来不做投资的人都开始逐步尝试进行投资，买新基金的人变得越来越多，基金规模也变得越来越大——其实这个时候也就是市场风险快要积累到最高的时候了。

在这个过程中，基金规模变大了，意味着基金经理手中管理的资产变多了，随着市场的上涨，值得投资的、价格合理的股票变得越来越少，这个时候基金经理投资的难度就变得越来越大。这个时候正确的投资动作可能需要更加谨慎，不能再轻易买股票了——但是因为前期的持续上涨，使得每天都有大量的资金涌入基金产品，基金经理不买股票就意味着手中的现金头寸变得越来越多，基金的仓位就在被动下降，基金的业绩开始受到拖累。所以在这个时候，过于膨胀的基金资产规模就会开始影响基金的业绩，干扰基金经理的正常操作，同时也会摊薄前期基金份额持有人的收益。

这是在市场上涨阶段发生的事情。

而定开基金和封闭运作基金就完全没有这种担心，因为基金发行结束或者开放期结束后，它们是不接受任何申购的，所以基金经理在市场上涨过程中不会被大量新申购的资金干扰到正常的投资操作，也不会摊薄持有人的收益。

到了市场下跌的阶段，出现的情况就刚好相反。

市场下跌到一定程度时，全市场股票的价格已经趋向于合理，甚至不少股票的价格已经低于合理值，非常具有投资价值了。对于基金经理来说，这个时候是他们最开心的时候，因为全市场都是好股票，这时他们只希望自己管理的基金能够有更多的资金可以用来进行配置。

结果在这个时候，大部分的投资人都被连续下跌的市场吓破了胆，都觉得"没有最低，只有更低"，争先恐后地把手中持有的基金割肉赎回。

基金经理最希望拿钱投资的时候，却是基金遭遇大额赎回的时候，基金经理所管理的基金不但没有新的资金进来，反而规模越来越小 —— 基金经理必须卖出更多的股票，换成现金来应对赎回……

最值得投资的时候，基金经理不是买买买，而是被迫卖卖卖，这会严重影响到基金产品的长期业绩表现。

所以，定开式基金、封闭运作基金和持有期基金，都是通过基金条款限制了投资者随意赎回基金份额。这样在封闭运作期内，基金经理可以根据市场的变化，在值得买的时候加仓，在风险变大的时候谨慎持有甚至减仓……可以避免受到投资者申购赎回带来的干扰。

因此，从理论上来讲，带有封闭运作机制的基金产品，是可以获得优于普通开放运作的基金产品的业绩水平的。

为什么要强调"理论上"？因为万一遇上个不靠谱的基金经理，或者基金封闭运作期刚好遇上了 2015 年那样的极端下跌市场，一切都很难说 ——所以投资永远都是有风险的，是没有完全确定性预期的。

但是不管怎么样，如果你的资金可以接受一定的流动性限制，带有封闭运作期的基金还是值得选的。

而且，从另一个方面来讲，投资封闭运作的基金也可以变相帮我们"管住手"。

追涨杀跌是普通投资者经常出现的现象，人性的弱点不是容易克服的。

大家很喜欢用来投资基金的网络平台支付宝提供了一个"用户盈亏分析"功能，可以看到近一年来，投资不同基金的基民们的整体盈亏情况。

某明星基金经理管理的产品，因为重仓白酒，在 2020 年白酒行业一路飙升的行情中，净值上涨近 120%。如此好的业绩，吸引了无数投资者申购资金，基金规模在 2020 年末达到 677.01 亿元，成为市场上规模最大的权益类基金。

这么好的基金，投资人赚钱应该是没有什么问题的吧？结果却让人大跌眼镜！

支付宝数据显示，在这只基金上挣了钱的基民只有不到 20%！其中超80% 的持有人亏损，亏 5% 以上的占了 65%。而挣了 5% 以上的持有人，占比不到 10%！

这个数据简直令人难以置信。

那么买了这么好的基金产品却亏损超过 5% 以上的投资者到底是做了什么，才落了个"基金赚钱，基民不赚钱"的悲惨境地呢？

图3-81

数据来源：支付宝

排在前几名的原因如图 3-81 所示。

追涨杀跌、持仓时间短、频繁买卖都是导致基金赚钱、基民不赚钱的不良习惯，也是导致绝大多数个人投资者在各个投资市场亏损远大于盈利的主要原因。

我们设想一下：如果买了基金之后不能随便卖呢？如果申购确认之后，不到时间不允许赎回呢？那是不是基民们就规避掉"杀跌""持仓时间短"还有"频繁买卖"的风险了呢？是不是意味着，只要选到了好基金，就"被迫"跟着基金一起赚钱了呢？

所以，带有封闭运作机制的基金，是帮我们强制性管住手的好选择。

总结一下：从基金经理操作的角度来说，封闭运作基金不会受到申购资金追涨杀跌的干扰，基金经理可以更加彻底执行自己的投资策略，从理论上能够获得超过开放式运作基金的收益。同时，封闭运作机制，强制性地让投资者不能随意赎回基金，客观上帮助投资者规避了一系列的错误投资动作，使得投资者在更大概率上能够跟随基金产品一起赚钱，收获市场长期上涨的回报。

　　所以，如果你对资金的流动性没有那么高的要求，选择带有封闭运作机制的基金产品进行投资，不失为一个更好的选择。

Chapter 3

通过购买场外基金套利

在上一节中，给大家介绍了带有封闭期的开放式基金。

作为带有封闭期的开放式基金，本质上是放弃掉高流动性来换取更大的安全性或者收益性。但是现实中，如果基金持有人真的有紧急的流动性需求——急着用钱，是没有办法把在封闭期内的基金变现的。为了解决这个问题，现在很多带有封闭期的基金，都支持在场内进行买卖交易。

所谓的"场内"和"场外"的"场"，指的是什么呢？指的就是证券交易所。

通过证券交易所进行的证券买卖活动，就叫作场内交易，比如大家平时买卖股票就是典型的场内交易。

同样地，如果你的基金交易也是像股票交易一样在证券交易所进行的，那么这就是基金的场内交易。

一般场内交易都会有买方跟卖方，也就是说买方如果想买某一种证券（股票或者基金），必须要有相应的卖方刚好愿意把手中的证券卖出来。当卖方愿意卖出的价格和买方愿意买入的价格达成一致，就可以形成买卖交易，这就是场内交易。

而场外交易就是在证券交易所之外进行的交易。

大家平时在银行进行基金的申购赎回，在支付宝、理财通、天天基金网这样的网络第三方平台上进行基金的申购和赎回，或者直接在基金公司官网以及 App 上进行基金的申购赎回交易，这些在证券交易所以外，不是通过竞价撮合模式进行的交易就叫作场外交易。

是不是有点晕？

总之大家记住：基金的场内交易必须有买卖双方，一个愿意买，一个愿意卖。而且双方是通过价格的撮合机制来进行成交的，所以场内交易在同一个交易日理论上会有无数个成交价。

大家可以通俗地理解：如果你的基金买卖是和普通股票交易一模一样的，那么这种交易就叫作场内交易。

相对而言，基金的场外交易在同一个交易日只有一个价格，这个价格就是基金公司当天收盘后所公布的基金单位净值，所有的投资者在同一个交易日进行基金的申购和赎回，都是按照当天的基金单位净值来进行结算的。

这就是场内交易跟场外交易最大的区别。

任何一种证券，包括基金在内，如果同时支持场外交易和场内交易，就意味着场外的净值和场内的交易价格之间存在着价格差的可能性。

如果场内的价格高于场外的净值，就叫作场内对场外有溢价；如果场内的交易价格比场外的基金净值更低，我们就说场内相对场外有了折价。

一旦有了折溢价，场内场外有了价差，就存在套利的可能性，存在套利操作的空间。

我们举个例子来说明：假设一只基金当天的净值为 1.00 元，但是同一只基金在场内的交易价格是 1.10 元。这也就意味着这只基金的场内相比场外有 10% 的溢价。

这个时候，如果我在场外按照 1.00 元和基金公司申购这只基金，拿到份额之后，把这些份额转托管到证券公司（场外转场内），在场内以 1.10

元的价格卖掉，是不是我就可以赚到每份额 0.1 元的差价呢（不考虑手续费）？

那反过来说，如果这只基金场内的价格为 1.00 元，而同一只基金场外的基金净值是 1.10 元。那是不是在场内以 1.00 元的价格大量买入这只基金的份额，然后把它转托管到场外，直接按照 1.10 元的价格向基金公司申请赎回，这样每份额也能赚到 0.1 元的套利收益？

因此，只要同一只基金场内场外存在较大的折溢价，就一定会有很多资金去进行跨市场的套利。

如果套利的资金越来越多，就会逐渐把场内场外之间的差价抹平。

因为当场内对场外有折价时，就会有很多人想在场内买更多的基金份额转到场外去通过赎回套利。而想买的人变多，场内的交易价格就会逐渐高，直到价格高到失去套利的空间为止。

而反过来说，如果场内对场外有溢价时，就会有很多人在场外大量申购基金，然后到场内把它卖出套利。但是卖的人变多，场内的交易价格就会慢慢地往下降，直到降到没有套利空间为止。

这就是所谓的套利机制的存在最后会让套利的空间变得越来越小，直到场内外价格达成平衡。

那对于投资基金来说，有没有可能通过场内外动作套利呢？

答案是：有。

带有封闭期的开放式基金如果支持场内交易，就可能存在套利的机会。

大家可以想一想，什么样的人才会想把持有的在封闭期内的基金份额拿到场内卖掉呢？

肯定是持有没有到期的基金，但是又急着用钱的人。

这些急着用钱的人把持有的基金份额拿到场内来叫卖，就意味着必须要付出一定的成本才有可能卖出去，这个成本就是"流动性折价"。

之前和大家介绍过，买有封闭期的基金本来就是通过放弃流动性来追求更好的安全性和收益性，而现在投资人想要提前变现，也就是追求高流动性，所以必然要付出成本——折价。

放在一般的商品买卖中也是一样的道理：你急着把手中的一样东西卖掉换钱，肯定是要降价才更容易卖出去的。

所以，如果大家看到有支持场内交易的带有封闭期的新基金发售，而你又看好这个基金经理的话，其实不一定要在认购期去认购。我们完全可以等到它在场内上市之后，用折价在场内买入它的份额进行持有，这就实现了"打折"买基金的效果。

而且在场内买基金的时候，只需要交纳万分之几的交易手续费，而不用付出场外新基金的认购费，何乐而不为呢？

我们也可以在基金的封闭期即将到期之前，去看一看这只基金的场内价格和场外的基金净值是不是存在着套利的空间。

因为等到基金产品的封闭期到期，基金份额在场外就可以直接申请赎回，这意味着同一只基金的场内份额相对于场外份额已经不存在流动性的优势，所以在封闭期内的场内折价将不复存在。而如果我们是在封闭期内在场内通过折价后的价格买入了这只基金的份额，这就意味着我们不但可以获得在持有期内基金本身的投资收益，还能获取场内折价的收益。

这里可以举一个实例。

某一只还在封闭期内的开放式基金，距离到期还有四个月的时间。它的最新单位净值为 1.14 元，而这只基金在同一时间点的场内价格为 1.075 元，场内相对于场外有折价，折价率为 5.70%。

四个月后这个产品将会到期打开，到时候场外份额都可以按照当时的净值跟基金公司申请赎回。

这只基金目前场内价格相对场外单位净值有 5.70% 的折价，到开放日的时候，场内价格基本上会和场外净值一致（流动性折价消失）。到那时我们不管是把场内的份额转托管变成场外份额，直接跟基金公司申请赎回，还是直接在场内卖掉，都意味着我们可以获得 5.70% 的增强收益。

所以，如果我们看好这一只基金的前景，觉得它将来四个月净值还是会继续往上走的。那么我们选择现在在场内以折价买入，不但可以获得未来四个月基金净值上涨所带来的收益，还能够在这个上涨收益之外获得 5.70% 的额外增强收益。

大家可以这样理解：我们在场内打折买到了一只四个月后到期的封闭基金。最后不但可以赚基金本身的收益，还能赚到这个打折的收益。

带有场内交易模式的封闭运作基金，其实往往都可以给我们带来额外的增强收益。当然有一个前提，这只基金本来就是一只好基金，否则一旦净值下跌，大家虽然可以获得到期后折价所带来的增强收益，却也弥补不了净值下跌带来的损失。

基金买新还是买旧

在任何市场情况下，总是会有人问我这个问题：老师，某某某公司发了一只明星基金经理的新基金，我到底要不要买啊？还是买另一只看上去不错的老基金啊？

我们到底是买新基金比较好，还是买老基金比较好呢？

其实，当你在想这个问题的时候，我建议你按以下几个问题去进行思考：

1. 新老基金的基金经理是同一个人吗？

2. 新老基金是同一种类型吗？

3. 新老基金的基金合同你有看过吗？

4. 在你脑海里对于近期（3～6个月）市场走势是怎么想的呢？

我们一起来看看为什么从这几个问题来寻找答案。

如果新老基金的基金经理是同一个人，那么这两只基金基本上不会有本质上的差别。

因为同一个基金经理是不可能在不同基金产品上展现出截然不同的投资理念和投资策略的。所以买新与买旧就要考虑第二个问题。

如果新老两只基金是由不同基金经理来管理的，那么就是两只不同的基金产品，按照正常的挑选基金的方法来进行挑选就好了。

我们可以去看新基金拟任基金经理是否管理其他的基金产品，而他管理的其他基金的历史业绩，是否符合本书前面提到的"5432"法则、基金季报是否有用心写、基金公司本身是否靠谱、整体业绩是否稳定等等。如果以上问题的答案都是"是"，那么再看看这个基金经理管理的老基金是否开放申购，如果开放，我们一样要进入第二个问题。

新老基金是同一种类型吗？

相信大家都已经有概念了：不同类型的基金由于基金资产投资股债比例的不同，会呈现出不同的风险收益属性。所以，同一个基金经理的新旧产品，是有可能属于不同类型的。比如老基金是股票型基金，而新发的基金是偏股混合型基金，甚至是灵活配置型基金。那么从理论上讲，新发基金的整体风险水平就会低于老基金，因此大家可以根据自己的风险承受能力来进行新老基金的取舍。

为什么要看基金合同？

随着中国资本市场的发展，市场已经越来越开放，新的投资机会也层出不穷。基金产品在一开始设计时，都是参照当时市场上可以投资的标的或证券来编制基金合同。所以很多老基金和新基金相比，在基金资产可以投资的范围上会受到更多的限制，很多资产都不能投资。比如很多的老基金只允许投资国内的 A 股和债券市场，不可以投资港股市场。但现在新发的基金产品，一般都是可以投资港股市场的。这就是很大的区别。

所以，在决定投新基金还是投老基金的时候，我们有必要去看看新老基金对于投资范围的限定是否有差别，选择能够参与更多投资机会的基金产品，一般来说都是对的。

前面三个问题都解决了之后，就到最重要的一个问题了：你自己觉得未来 3～6 个月（短期）的市场走势会是什么样呢？

一般来说，大家对于未来市场走势会有两种想法：第一种是市场马上就会往上走；第二种是市场可能要经过一段时期的震荡，才会真正地开始往上走。估计有人会问：也有人觉得一直跌啊——如果觉得会一直跌，那就根本不会考虑买新基金还是老基金的问题了。

针对以上两种情况，我们对于新基金和老基金的态度应该是不一样的。

如果市场处于持续上涨的状态，而且你自己对于未来的行情也极有信心，那这种时候买新基金可能就不太合适。

因为新基金一开始是没有任何仓位的，基金资产全部都是现金，基金经理建仓买股票需要时间。

新基金募集结束之后，都会有最长不超过 6 个月的建仓期，大部分新基金会在 3～6 个月完成建仓。如果在这个过程中市场快速上涨，投资者要想抓住短期上涨的机会来赚取投资收益，买新基金有可能就会比较郁闷——因为仓位不高，会跟不上市场的涨幅。

如果基金经理对于短期市场并不太看好，新基金的建仓速度也许就会变得更慢。

同时，有些基金公司对于在建仓期的基金可能还有严格的仓位限制要求，比如说曾经就有公司提出在建仓期内新基金主要做绝对收益，也就是尽量不能出现基金净值低于发行时 1.00 元的初始净值。为了达到这个要求，基金经理就必须把大部分的资产投入到以债券、货币为主的固收类资产中，投入到股市中的资金量在建仓期内就受到了严格的限制。

因此，如果我们对于短期市场上涨存在着比较强烈的预期，就不要去认购一只新基金，而应该去投资一只已经在市场上成熟运作的老基金，或者在存续期的基金。

因为老基金是已经有股票仓位的，在基金经理的管理之下，仓位可能还很高，也许高达 90% 以上。在这个时候投资老基金，相当于马上参与到了股票的投资中。如果市场上涨，投资者就能有效地跟随行情获得相应的收益。

反过来，如果我们对短期市场存有一定的疑虑，觉得短期市场风险比较大，那么选一只新发的基金来投资就会比老基金更加合适。

就像上面所说的，因为新基金有最长 6 个月的建仓期，在这个建仓期之内，是不受基金合同规定的最低仓位要求限制的，基金经理可以根据自己对市场的判断来有效地控制建仓的速度。

如果我们挑的基金经理是靠谱的，他就有足够的能力帮我们规避短期市场波动的风险。基金经理可以根据自己以及整个投研团队对市场的研究结果，做出是否快速建仓的决定。

所以，投资新基金的价值就在于用基金经理的智慧和能力来帮我们进行短期风险的规避。

如果我们对于短期市场的波动很担心，担心未来一个季度或半年内市场还会往下调整，但是又去申购了一只老基金，因为存量基金的投资是严格受到基金合同约束的——比如股票型基金投资于股票市场的资产最低不能低于80%。那么这个时候，哪怕基金经理想减仓，都没有办法把仓位减下去，因为不能低于80%仓位啊！于是申购了老基金的资金，大概率会随着短期市场的下跌而出现账面上的损失。

所以，如果对未来短期市场没有太大的信心，那么选择新发基金就是一个更好的选择；而如果市场非常强势，我们想要跟上市场上涨的趋势来获取投资的收益，选择老基金就更为合适了。

所以，选择新基金还是老基金，你清楚了吗？

Chapter 3

基金投资很重要的
概念：止盈

投资基金要成功有一个重要的法则，叫作合理卖不贪婪。

我之前一直跟大家强调，如果我们做如沪深300、中证500和创业板指数基金定投，我都建议大家应该要进行严格止盈。年化收益率10%～20%之间，自己去设定一个止盈线都是可取的。

2019年，我在喜马拉雅跟大家去讲这些的时候，我觉得非常心安——因为整个市场还在低位波动，所以大家做定投不会很快看到收益。

当时我也说过，我最担心的就是市场从现在开始走牛。因为只要市场走牛，马上就会有人觉得定投是让人不满意的——定投虽然降低了投资风险，却也限制了收益的空间和投资效率。

大家会发现在市场走牛的时候，胆子更大的人能赚到更多的钱。

如果我们仅仅选择10%～20%的年化收益率就止盈赎回，看到后续市场继续上涨，大家心里就会觉得不舒服，觉得后面继续上涨的部分我居然都没有赚到，特别不开心。

其实在投资中，什么时候买都不是问题，什么时候卖才是最大的学问。

大部分投资者在投资中亏钱，都是因为不懂得何时卖。

如果一开始投资就是亏损的，其实我觉得这是好事情，因为这会提醒你市场有风险。

但是如果大家一进来投资，市场就一路暴涨，大概率我们会变得越来越贪婪，因为你会认为市场没有风险，你看到的都是机会，就如同过去这一年所发生的事情。

我相信有很多朋友也看到，不管在抖音还是 B 站，很多 90 后甚至 00 后天天在上面录短视频晒自己的基金账户，分享自己成功的基金投资经验，很多人认为基金投资就是一件只要买买买就能赚赚赚的事情。这个时候很多人已经完全忽视投资风险的存在了，这到最后将会导致真正无法承受的亏损出现。

止盈可以让我们真正落袋为安，有一个明确的指标让自己在达到预期收益的时候进行卖出。

大部分投资上的亏损都是因为没有卖出的纪律才导致的。

除了指数基金定投需要止盈之外，我也在过往不止一次表示：好的主动管理型基金、好的基金经理是可以长久地帮我们持续创造超额收益的。而且我也坚定看好我国权益市场长期的投资前景。所以如果我们把目光放得更长，放到五到十年的维度，去进行主动管理权益类基金投资，一直拿着不做止盈也是可以的。只要选的产品和基金经理是靠谱的，应该问题都不大。对于好的基金经理，不管市场怎么波动，他所管理的基金产品净值的长期趋势还是上涨的。

但是这里就有问题了：市场到底会震荡多久？能够涨到多少？什么时候跌？什么时候涨？什么时候只是短期调整？调整会调多久？这些是没有人能精确预测的。

我们所经历的都是正在发生的和还没有发生的。我们对于市场的分析判断也只能是长期预估，是一个大的方向，没有人有能力去判断短期市场。

让我们设想一个场景：

当我们投资了优秀的主动管理型基金之后，如果在某一个时间点，我们需要用钱，需要把基金赎回卖掉，把它变现成为日常开销的真金白银，而恰好那个时候市场调整到了一个低点，基金净值也处于低点，你赎回还是不赎回呢？

如果不赎回，缺钱。

如果赎回，也许卖在了低点——有可能你曾经赚过很多钱，因为之前的基金净值更高；也有可能未来这只基金的净值会再创新高，而你丧失了未来赚钱的机会。

所以，哪怕再好的主动管理型基金，我们也必须要考虑到自己投资的这笔资金什么时候要使用。

到底什么时候要用钱、资金能够投资多长的时间，这就是四个投资前要进行灵魂拷问的问题之一。

回过头来，如果我们的资金能够持续投资的时间越短，相对而言投资的预期收益率就越低——因为投资时间可以帮我们去平抑投资风险。但是如果可以投资的时间太短，我们就要调低自己的投资收益预期，使得投资风险被控制在一个合理的范围之内。

所以，我给大家的建议是：必须要给自己的基金投资设定一个合理的止盈线，不管是主动管理型基金还是定投的指数基金。

指数基金主要是均值回归效应明显，所以我建议大家严格设置在10%～20%的年化收益率作为止盈线，全额止盈，定投扣款继续就好了。

而主动管理型基金，如果是优秀的基金经理管理的宽赛道产品，那么大家可以根据自己的具体情况进行止盈目标的设定，资金可以投资的时间越短，设置的止盈线就应该越低，而能够投资的时间越长，可以设置的止盈线就越高。

赚多少钱就走——这也是灵魂四问的问题之一。千万不要给自己设定赚得越多越好的答案——这样最后基本上就是亏损的结局。

比如说我五年之后要用这笔钱，那我们就给自己设定一个目标：每年赚 20%，五年之后赚 100% 我就赎回，这就是止盈线。

　　这个问题其实还可以继续延伸一下：如果不到五年，这只基金的盈利就已经到了 100%，我们到底要不要止盈赎回呢？

　　我问过很多人这个问题，答案一般是以下三种：

　　第一种：按照投资的纪律，肯定赎回，目标达到了，那就应该要满足了。

　　第二种：应该不会赎回，或者说先赎回 50%，剩下一半再看一看 —— 如果市场后面下跌，再赎回。

　　第三种：先把本金收回来，然后留着收益在里面。未来如果真亏损，亏的也只是收益而已。

　　我会给出什么样的答案呢？

　　我跟大家一再强调过，投资前要问自己四个灵魂问题。第一个问题是：你打算投资多长的时间。第二个问题是：你打算赚多少钱就走。

　　对于绝大多数普通人来说，我们辛辛苦苦赚来的钱，最后是要满足未来某个时间点的生活愿望的。

　　因此我们在进行投资的时候，必须要根据实现愿望的这个时间点，来妥善规划我们的每一笔投资。

　　在这样的情况下投资主动管理型基金，如果五年之后要用这笔钱的时候能赚到 100%，我就已经满足了。那不管是在一年之内就赚到 100%，还是三年赚到 100%，或在一个月之后就赚到了 100%—— 我一定会选择全额赎回。

　　原因非常简单，因为当我设定这笔投资的目标是在未来五年达到 100% 收益，按照复利公式（此处考虑一次性投资）意味着平均每年的收益率为 14.87% 左右。

　　这个目标的设定意味着我愿意用五年的时间作为成本来赚取这样的收益率。

　　现在，不到五年就实现了这个收益，说明在投资过程中，实际年化收益率远远超过了自己预设的目标值。

越短时间实现目标，说明市场涨得比我的预想要快得多。而市场如果在短期涨得特别快，只能说明一点，那就是短期的风险也许积累得非常高了。

在这样的情况下，既然我已经实现了目标，而短期的风险又在积聚的话，为什么不选择直接按照目标进行赎回呢？

我跟大家一直强调的是，千万不要在投资的时候想着能够赚得越多越好。只要我们这样想，最后的结果大概率就是亏损，因为输都是输在"贪"字上面。

落袋为安之后，我会再去投资一个安全系数更高，可以稳定增值的投资品种，也可以根据整体的财务结构重新进行理财投资规划。何必要把已经赚到口袋里面的钱再拿去进行搏杀呢？

投资的目的不是赚得越多越好，我们投资的目的是更好地实现自己的人生愿望，提升生活品质。千万不要变成为了投资而投资，否则就变成赌徒的心态了。

之前在网络上，我也谈过自己对于止盈的看法，有不少朋友也发表了自己的见解。

图 3-82 的留言是蛮有代表性的：

之前看到一个说法：宽赛道的好的基金经理的主动基金不用止盈，长期放着就行。老师您怎么看？
昨天 22:41:35

威尼斯摆渡人的水域　作者
这个观点我去年也说过，将来我再讲讲为什么现在又在讨论止盈。
昨天 22:44:48

图3-82

确实，之前我数次说过：好的基金经理是可以穿越牛熊市的，主动基金可以长期投资不止盈。

但是我也特意强调了，如果不止盈，大家要问问自己，等到这笔钱要用的时候，万一市场在低点，你是卖还是不卖？

所以，所谓的不止盈，是告诉大家，优秀的主动管理型基金经理是有持续帮我们在不同市场贡献超额收益的能力的——要特别提醒大家，是"超额收益"而不是"绝对收益"。

也就是说在市场整体调整的时候，这些好的基金经理所管理的产品也难免会随着市场环境同步出现净值回撤。

我们可以再回顾一下我整理的全市场基金经理的数据排名，大家会发现，这些优秀基金经理的"最差连续6月回报"看起来也是令人惊诧的，见表3-13。

如果经历这个过程，大家顶得住吗？到了回撤的最低点，大家还敢投资吗？

表3-13　偏股基金经理任职年化回报30强（10年任职经验以上）

排名	投资经理	投资类型	任职以来			
			总回报(%)	年化回报(%)	最高连续6月回报(%)	最差连续6月回报(%)
1	朱少醒	偏股型	2,847.37	24.85	103.07	−46.94
2	周蔚文	偏股型	1,469.65	21.92	91.10	−44.39
3	曹名长	偏股型	1,468.72	21.48	121.52	−44.43
4	王克玉	偏股型	568.27	20.51	62.06	−26.33
5	徐荔蓉	偏股型	1,275.37	20.14	95.63	−30.93
6	张琦	偏股型	516.56	19.35	113.78	−24.77
7	毕天宇	偏股型	1,127.56	17.91	105.08	−47.20
8	王栩	偏股型	479.94	17.29	131.22	−31.78
9	冯波	偏股型	482.76	17.18	137.89	−33.56
10	姚锦	偏股型	475.07	17.03	111.92	−21.19
11	王宗合	偏股型	378.00	16.70	95.41	−30.30
12	余广	偏股型	421.79	16.68	118.52	−33.85
13	胡涛	偏股型	467.63	16.66	130.61	−28.85

续表

排名	投资经理	投资类型	任职以来			
			总回报(%)	年化回报(%)	最高连续6月回报(%)	最差连续6月回报(%)
14	董承非	偏股型	732.40	16.31	112.22	−43.94
15	魏东	偏股型	991.16	15.68	108.04	−50.52
16	杨建华	偏股型	1,035.55	15.62	138.54	−55.03
17	郑煜	偏股型	683.36	15.24	93.25	−37.17
18	刘彦春	偏股型	402.74	14.68	68.71	−30.55
19	钱睿南	偏股型	476.94	14.47	114.97	−38.17
20	牛勇	偏股型	305.62	14.47	82.22	−27.21
21	杨谷	偏股型	567.61	13.84	103.24	−45.63
22	严菲	偏股型	444.98	13.52	94.00	−42.84
23	崔建波	偏股型	268.86	13.22	122.16	−28.53
24	顾耀强	偏股型	292.78	13.06	130.09	−34.54
25	吕慧建	偏股型	277.20	12.54	115.03	−38.55
26	赵晓东	偏股型	285.33	12.51	63.92	−25.80
27	曾国富	偏股型	283.59	12.33	55.87	−30.94
28	王品	偏股型	226.11	12.22	79.29	−23.05
29	张原	偏股型	256.43	11.81	109.65	−31.83
30	王少成	偏股型	190.17	11.11	111.30	−32.23

数据来源：Wind 威尼斯摆渡人，截至2021-02-14

在前面的论述中，我所传达的想法是：我们的钱，每一笔都是有投资期限的，所以必须要结合这个投资期限来设定理想的止盈线，也就是达到多少收益，这笔投资就达到我们的目标。

所以，如果大家投资的资金是有明确的使用目的的，那么到了止盈线坚决止盈，去实现自己生活中的愿望就好。

但是，图 3-83 的这些留言，也很有代表性。

我的梦想是看着钱越来越多，但我没什么特别想买的😂我该怎么办

昨天 22:37:37

陈老师，你看我的留言点赞最多，你跟大家说说守财奴的策略吧😁

昨天 22:53:59

我是选择不赎回的740分之1😊

这样选1是因为我用来投资的这部分钱10年内是不用的。2是我相信我选的基金经理比我聪明专业，我愿意长期持有。

昨天 23:17:12

图3-83

说实话，其实我自己的主动基金投资，也差不多是这个心态——因为我用来投资权益类的资金基本上是在可见的未来没有任何具体使用计划的……

我从2017年开始定投到现在的偏消费类的主动管理型基金，没有止盈，打算一直持有下去，因为这些钱到现在也没想清楚到底什么时候要用。因为我觉得大概率在近三到五年都不会用这些钱，所以我就不会考虑止盈。

但是，这些基金一旦更换基金经理，而新换上来的基金经理明显不能让我有足够的信任感，那么我会第一时间止盈。

所以，主动管理型基金是否止盈，我个人觉得应该从以下两个方面来考量：

1. 你的资金在明确的期限内是否有确切的使用计划？

如有，那么请严格止盈。如果没有，那么请看下一条。

2. 面对市场波动造成的基金产品净值大幅回撤，你是否有信心持有下去？

如没有，请严格止盈。如有，请继续持有。

其实每个人的风险偏好都不一样，对于风险的感知也不一样，钱拿来做什么用也不一样，对于市场的理解、对于基金经理的了解也不一样。所以不同的人对于止盈这个问题有不同的看法，是非常正常的事情。

平时我一直强调的是：针对绝大多数普通投资者，因为大家不怎么了解基金经理，也不怎么了解市场，那我就建议用最简单的方式做投资——用宽基指数基金进行简单定投，并且在达到止盈线的时候进行全额赎回，其他的都不要管。只要大家严格执行了这种投资纪律，你至少能够保证拿到市场的平均收益，这已经非常不错了，可以超越市场上 90% 的投资者。

随着大家不断地学习成长，慢慢变得更加专业，对于市场有了更深的认识，对自己的风险偏好，对某些基金经理有了更加深刻了解的时候，就可以稍微调整一下投资方式：比如，在定投的同时，开始适当布局好的主动管理型基金，适当地把止盈线往上提一提等等。

这其实是因为我们在专业上的进步提升了自己在投资中的风险承受能力，面对市场的波动，已经可以比较成熟地去调整自己的心态——这是能够坚定持有的关键。

不管止盈还是不止盈，我最终想表达的是，大家要非常理性地去看待投资这件事情，因为基金投资最终还是要赎回的，只是时间有早有晚而已。

长期投资可以提高基金投资的胜率，获取基金长期增长的回报。但现实中，那么多人投资的结果不尽如人意，其实很多时候都是"感性"惹的祸。

投资纪律的设定，比如止盈线，就是防止"感性"扰乱我们投资计划的重要抓手。专业投资者（包括机构）和个人投资者最重要的差别，就是在投资纪律的制定和执行效率上。所以止盈与否，根本在于投资纪律的设定和执行是否匹配。

总　结

基金投资常见的误区

● 追热点

在投资中有一句话是比较准确的，那就是"和大多数人反着走"，我在平时的直播和文章中也经常会引用一句网络上的"名言"："基金反着买，别墅靠大海。"

市场上绝大多数投资者，由于缺乏对市场全面而专业的认知，很容易被各种声音所影响。

根据中国证券业协会在 2021 年 3 月发布的《2019 年全国公募基金投资者情况调查报告》中的数据显示，在 2019 年，有 28% 的投资者选择基金的依据是基金的历史业绩，同时基金公司名气、明星基金经理、市场热门主题、基金投资策略也成为重要的考虑因素，见图 1。

2019 年以来，A 股市场虽然整体走势喜人，但是在过程中行业轮换速度相比以往更加频繁和剧烈。在某一个局部时段中，市场上赚钱效应最好的往往都是某一个或几个行业主题方向，这就造成了市场热点的频繁切换。

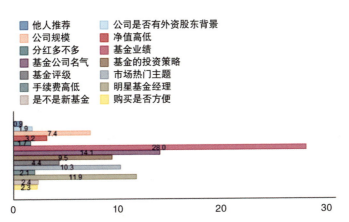

数据来源：《2019 年全国公募基金投资者情况调查报告》

图1

图 2 是 2019 年下半年以来，以半年维度整理的中信一级行业的涨跌幅情况，大家可以看到同一个行业在不同时段的涨幅变化是巨大的。

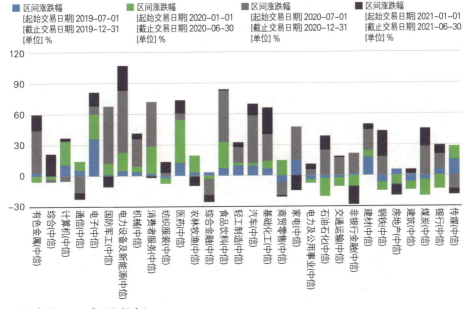

数据来源：Wind 威尼斯摆渡人

图2

　　有很多投资者其实对于基金投资已经具备了初步的知识储备，也知道应该要进行长期投资，但是当看到短时间内自己所持有的基金产品收益率大幅跑输市场热点基金的时候，就会逐渐动摇投资信念。

　　由于处于热点的基金短期业绩出色，非常能抓人眼球，为了获得最大的营销宣传效果，各个基金代销渠道，包括银行、证券公司、网络平台以及基金公司都会追着热点进行相关基金产品的宣传和发行。

　　投资者本就被处于市场热点的产品业绩所吸引，又有线上线下的叠加宣传，于是追热点买基金就变成了市场上常见的一种现象。

　　这是不对的！

　　我在前面的章节中，特别强调了投资基金的目的是获得长久的投资回报，所以买自己所相信的，买自己看得懂的基金才是正确的做法。

　　市场热点是频繁切换的，处于风口上的产品短期业绩固然会非常吸引人，但是这些热点究竟是具有长期成长背景的"真机会"和"真价值"，还是短期炒作的"假机会"和"假价值"，作为投资者的您是否分得清楚呢？

　　上面这个问题请大家好好问问自己，如果答案是否定的，那么答应我，一定不要去追所谓的热点。

　　追热点无外乎就是两个结果：

　　一、这个热点确实有真价值，长期来看，投资机会是确定存在的。但是哪怕再好的标的，也不可能一帆风顺地上涨，在长期上涨的过程中也会存在着短期甚至中期的调整和波动。这个时候如果自己对于相关投资机会的认识不够，就会在这种波动和调整中恐慌性地卖掉手中的筹码，最后的结果就是：选对了好的行业，却买在了短期的高点，并在错误的时间割肉离场，最终还是落了个亏损的结果，比如2021年新年伊始的军工、白酒等市场热点。

　　二、这个热点纯粹就是炒作的结果，并没有长期的投资逻辑支撑。如果追了这样的热点，结果可想而知，未来必然是价格向价值回落，该怎样还是怎样，追热点进去的投资者最终必然落得一个亏损的结局，比如曾经的乐视网、暴风科技等等。

所以，基金投资中大家最容易出现的误区就是"追热点"。追热点是人性使然，而投资成功必然是反人性的。

热点往往意味着短期的价格高点，同时也是风险高点，这个时候的投资必然是风险超过收益的，所以在基金投资中，大家一定要提醒自己不要追热点。

看到热点蠢蠢欲动时，好好问问自己：是否能够分辨出长期投资逻辑所在，再用灵魂四问拷问一下自己，之后再做决定。相信经过这两个步骤之后，您大概率就已经冷静下来了。

这本书是关于公募基金投资入门基础知识的集合，整理了我进入这个行业 12 年以来，作为从业者，也作为基金投资者，自己觉得比较重要的一些知识点。

我尽量让自己用通俗易懂的文字来表述相关内容，希望哪怕是完全没有接触过基金投资的朋友也能顺利地读下来，并且能掌握一些投资基金的必要知识。

只要您每天花五分钟的时间坚持把这本书读完，并且结合自己过往投资基金的一些操作进行比对和思考，我相信，您对于基金投资的了解已经比很多银行、券商的理财经理要强不少了。

投资自己懂的东西，心态才会更加平和，面对市场波动也才能坚持下去。

这也是我第一次把自己所讲的、所想的集结成一本书，书中的内容完全是我个人对于基金投资的认知和想法，难免有错漏之处，也请大家不吝指教。

在下一本书中，我将会详细地把自己在长达 15 年定投生涯中所总结出来的实际操作经验和朋友们做系统而详细的分享。定投作为基金投资中性价比最高的投资方式，一直是我比较推荐身边朋友采用的。而谈到定投，想必大家在操作中会有无数的问题想要找到答案 —— 那么就让我在下一本书中用我自身的经历来给出建议吧。

感谢您的认可与支持，也期待和您在投资的路上携手稳步前行。